AF665063

Wilfried Koch

Hausarbeiten leicht gemacht

Obwohl sämtliche in diesem Buch enthaltenen Darstellungen, Verfahren und Informationen nach bestem Wissen zusammengestellt und mit Sorgfalt getestet wurden, sind Fehler nicht vollständig auszuschließen. Deshalb sind die in diesem Buch enthaltenen Informationen mit keiner Garantie oder Verpflichtung verbunden. Autor und Verlag übernehmen deshalb keinerlei Verantwortung und werden deshalb keine daraus folgende oder sonstige Haftung für Schäden übernehmen, die auf beliebige Art aus der Benutzung dieses Buchs oder Teilen davon entsteht.

In gleicher Weise übernehmen Verlag und Autor keine Gewähr dafür, dass die beschriebenen Verfahren frei von Schutzrechten Dritter sind. Die Wiedergabe von Warenbezeichnungen, Gebrauchsnamen, Markennamen usw. in diesem Buch berechtigt deshalb auch ohne besondere Kennzeichnung nicht dazu, dass solche Namen im Sinne der Warenzeichen- und Markenschutz-Gesetzgebung als frei zu betrachten wären und daher von jedermann in beliebiger Weise benutzt werden dürften.

Die Deutsche Bibliothek – CIP Einheitsaufnahme

Ein Titelsatz für diese Publikation ist bei der Deutschen Bibliothek erhältlich.

Dieses Werk ist urheberrechtlich geschützt.

Alle Rechte, auch die der Übersetzung, des Nachdrucks und der Vervielfältigung des Buches oder Teilen daraus vorbehalten. Kein Teil des Werkes darf ohne schriftliche Genehmigung des Verlages in irgendeiner Form (Fotokopie, Mikrofilm oder auch ein anderes Verfahren) – auch nicht für Zwecke der Unterrichtsgestaltung – reproduziert oder unter Verwendung elektronischer Systeme verarbeitet, vervielfältigt oder verbreitet werden.

© 2015 Oberkochener Medienverlag Wilfried Koch

Herstellung: Books on Demand GmbH, Norderstedt

Printed in Germany

ISBN 978-3-945899-02-1

Wilfried Koch

Hausarbeiten leicht gemacht

Ein Praxisbuch für alle, die beim Erstellen wissenschaftlicher Arbeiten Zeit sparen und ihre Nerven schonen wollen

Alles Wesentliche in Kürze zu:

Formatierung
Verzeichnisse
Satzspiegel
Literaturreferenzen
Abbildungen
Fuß- und Randnoten
Mathematische Formeln
u.v.m

Inhaltsverzeichnis

Vorwort

Wenn Sie eine wissenschaftliche Hausarbeit erstellen, dann kann es leicht geschehen, dass der technische Aufwand für die Formatierung und Gestaltung des Dokuments in ähnliche Größenordnungen gerät wie der fachliche für die Wissenserarbeitung oder der schriftstellerische für die Formulierung des Textes.

Mit vergleichsweise wenigen Grundkenntnissen und einer gründlichen Planung können Sie sich die Arbeit hier sehr vereinfachen.

Geschrieben wurde das Buch, der Titel weist ja deutlich darauf hin, für einen sehr breiten Leserkreis. Für denjenigen der - was die Erstellung von Facharbeiten - angeht gerade die ersten Schritte unternimmt als auch für den der an einem Tagungsbeitrag einer komplexen Produktbeschreibung oder an seiner Dissertation arbeitet. Daher rechne ich auch mit vielen jüngeren Lesern für die vielleicht „du" die passendere Anrede wäre. Ich wollte mich aber auf eine Anrede festlegen und habe mich daher für das „Sie" entschieden, an das sich die jüngeren Leser sicher leichter gewöhnen als vielleicht mancher ältere Leser das „du".

Dieses Buch entstand aus meiner Praxis beim Erstellen von Vorlesungsmanuskripten, Fachaufsätzen und Büchern. Es will Ihnen die wesentlichen Stolperfallen bei den verschiedenen Arbeitsschritten aufzeigen und Ihnen helfen, diese zu umgehen. Auf diese Weise will es eine Hilfe zur Selbsthilfe sein.

Der Umfang wurde bewusst beschränkt. Auf rund 60 Seiten Text kann dieses Buch auf viele Probleme hinweisen und Anregungen für Ihre Arbeit geben, alles erschöpfend beschreiben kann es nicht annähernd. Hier verweise ich auf die weiterführende Literatur und zahlreiche Quellen (z. B. [OOWIKI]) im Internet.

Der Buchumfang wurde bewusst beschränkt. Deshalb kann nicht alles in voller Ausführlichkeit behandelt werden.

Updates zum Buch und weitere Hinweise finden Sie ab Januar 2016 im Internetauftritt des Oberkochener Medienverlags (www.okomedien.de/buecher/ratgeber/halg). Dort besteht dann auch die Möglichkeit, einen Newsletter zu bestellen und Feedback abzugeben.

Für Ihre Arbeit wünsche ich Ihnen viel Erfolg!

Oberkochen im November 2015

Wilfried Koch

1. Grundlegendes

1.1. Äußere Merkmale wissenschaftlicher Texte

Wodurch sind wissenschaftliche Texte charakterisiert? Selbstverständlich sollten sich wissenschaftlich Texte vor allem durch ihren fachlichen Inhalt auszeichnen. Zu diesem Thema einen generellen Praxisführer zu entwickeln ist jedoch schlicht unmöglich.

Beherrschung des Handwerkszeugs schafft Wettbewerbsvorteile.

Bedeutsam ist aber, dass in wissenschaftlichen Texten neben dem fachlichen Inhalt die Realisierung bestimmter, oft technisch aufwendiger Dokumentenstrukturen in der Regel eine ganz wichtige Rolle spielt. Formvorschriften auf die der Autor meist keinen Einfluss hat, die er aber nolens volens akzeptieren muss, sind genau einzuhalten. Darüber hinaus ist es fast normal, dass diese Formvorschriften von Aufgabe zu Aufgabe wechseln. Wenn man das hierfür erforderliche Handwerkszeug nicht beherrscht, wird der Zeitaufwand für die Erstellung des Texts leicht unkalkulierbar was durchaus einen persönlichen Wettbewerbsnachteil darstellen kann.

Um welche Punkte geht es in diesem Buch nun im einzelnen?

- Satzspiegel (Seitenaufbau, wesentliche Schriftarten, Ränder…)
- Hierarchische Abschnittsklassifikation (numerisch/arabische Zahlen, numerisch römische Zahlen, alphanumerisch, gemischt)
- Fußnoten
- Literaturstellen
- Inhaltsverzeichnisse
- Literaturverzeichnisse
- Tabellen
- Abbildungen
- Formeln
- Ausgabe in bestimmten Formaten (Word, PDF)
- Änderbarkeit
- ………..

1.2. OpenOffice oder Libre Office?

Das Buch wendet sich hauptsächlich an Nutzer der Freeware-Bürosoftwarepakete (neudeutsch auch als Office-Suiten bezeichnet) OpenOffice und LibreOffice. Die

Entscheidung mit diesen Paketen zu arbeiten und ein Buch vor allem für Nutzer dieser Pakete zu schreiben fiel, weil

- diese Office-Pakete kostenlos erhältlich sind.
- diese Office-Pakete auf den verschiedensten Plattformen wie Windows, Unix, Linux und OSx lauffähig sind.

Die besprochenen Probleme und Lösungen betreffen – wenigstens prinzipiell – in vielen Fällen auch Nutzer von MS Office.

Den meisten in diesem Buch angesprochenen Problemen werden auch Nutzer von MS Office / MS Word begegnen. Ebenso können die vorgestellten Lösungen in vielen Fällen – wenigstens prinzipiell – von den Anwendern der Microsoft-Programm übernommen werden.

Warum kommen aber nun gleich zwei Programmpakete ins Spiel? Das hat mit der Geschichte von OpenOffice und der damit verbundenen Entwicklung in der jüngsten Vergangenheit zu tun. Die lange Zeit keine endgültige Aussage darüber zuließ, wohin die „Reise“ von OpenOffice und LibreOffice geht.

OpenOffice ist ein quelloffenes Freeware-Programmpaket, das aus der Bürosoftware StarOffice hervorgegangen ist. StarOffice wurde 1999 von Sun erworben und 2000 zur quelloffenen Freeware erklärt. Gleichzeitig wurde der Name auf OpenOffice geändert. Die Entwicklung von OpenOffice erfolgte seitdem nicht mehr kommerziell sondern durch eine weltweite Gemeinschaft von Kontributoren die durch bei Sun angestellte hauptberufliche Mitarbeiter koordiniert wurden.

Nach dem Erwerb von Sun durch Oracle im Jahre 2010 spaltete sich LibreOffice ab, das weitgehend kompatible Funktionen zur Verfügung stellt und mit dem selben Datenformat wie OpenOffice arbeitet.

2012 ging OpenOffice an Apache über. Aufgrund der Revisionsdaten (Folgedichte der Updates etc.) muss man annehmen, dass OpenOffice ein Auslaufmodell ist, das aber in LibreOffice bereits einen angemessenen Nachfolger gefunden hat.

Zur Zeit arbeite ich noch mit beiden Programmen parallel. Mal bietet das eine Programm mehr Vorteile mal des andere. Erste Kompatibilitätsprobleme spürte ich im Zusammenhang mit LibreOffice 5 (August 2015). Nach einem kurzen, problembehafteten Probeeinsatz setze ich vorläufig wieder die Version 4.4. (derzeit 4.4.5.2) ein[1]. Ich gehe jedoch davon aus, dass ich – sofern im Umfeld von OpenOffice keine überraschenden Entwicklungen auftreten – ab Ende 2015 nur noch mit LibreOffice 5.0 ff [RELPLAN] arbeiten werde[2].

---

1 Diese Angaben entsprechen einer Momentaufnahme. Die Situation ändert sich rasch. Bitte informieren Sie sich im Internet über die aktuellen Versionen.

2 Anmerkung in letzter Minute: Die finale Version dieses Buches wurde mit LibreOffice 5.0.3.1 erstellt

1.3. Zum Buchaufbau

Für das Verständnis des Buchs sind solide Grundkenntnisse in Textverarbeitung unumgänglich.

Der Kurs ist setzt Grundkenntnisse in der Bedienung und Nutzung eines Textverarbeitungssystems voraus. So sollten Sie wissen, wie man einfache Texte erstellt, speichert und ändert. Ebenso sollten Sie mit den wesentlichen Bedienelementen des Programms vertraut sein.

In einigen wenigen Fällen war das *Problem von Ei und Henne* zu lösen. Das bedeutet hier, dass ein Thema behandelt werden musste, dessen Voraussetzungen noch gar nicht eingeführt sind, gegeben. Durch pragmatisches Vorgehen, konnten diese Klippen nach meiner Auffassung erfolgreich umschifft werden.

Der Kurs verfolgt einen Top-Down-Ansatz. Ausgehend vom Seitenformat werden anschließend die Absatz- und Zeichenformate behandelt. In Kapitel 4 wird dann sehr gründlich auf die Kapitelnummerierung eingegangen. Mit diesem Kapitel ist dann auch die eigentliche Texterstellung abgeschlossen. Anschließend werden die verschiedenen Elemente wie Bilder, Formeln und Tabellen zur Ausgestaltung des Texts vorgestellt. Im Kapitel 6 geht es um die Bezüge zwischen den einzelnen Elementen des Texts und wie diese mit geringem Aufwand möglichst effektiv genutzt werden können. Kapitel 7 hilft Überraschungen mit dem und um den Druck zu vermeiden. Das letzte Kapitel schließlich befasst sich damit, was Sie aus dem aktuellen Dokument fürs nächst mitnehmen können und wie Sie dabei vorgehen.

2. Dokumentenaufbau

2.1. Struktur einer wissenschaftlichen Arbeit

Eine typische wissenschaftliche Arbeit – ich habe einmal meine Dissertation, die allerdings weit vor dem Zeitalter der digitalen Textverarbeitung entstand, als Beispiel genommen – hat den folgenden Aufbau:

- Titelseite
- Vorwort
- Kurzfassung
- Inhaltsverzeichnis
- 1. Einleitung
- 1.1. Das herkömmliche Vorgehen bei der Entwicklung von Software für Automatisierungssysteme
- ....
- 5.3.2. Aufbau eines rechnergestützten Beschreibungs- und Analysiersystems.
- Zusammenfassung
- Literaturverzeichnis
- Lebenslauf

Bei vielen Arbeiten sind natürlich keine so aufwändigen Strukturen gefordert, dafür wird oft auf deren exakte Einhaltung besonderer Wert gelegt. Für einen Tagungsbeitrag (Conference Paper) gibt es in der Regel genaue Vorlagen (Stylesheets, Templates) wie z. B. [IEEESTYLE], auf deren Befolgung die Veranstalter von Konferenzen aus gutem Grunde großen Wert legen, damit der Tagungsband ein durchgängig einheitliches Gesicht erhält.

Bei einem Schülerreferat sind vielleicht ein Inhalts- und ein Literaturverzeichnis, Seitennummerierung und 2 Hierarchiestufen vorgegeben. Schriftarten und -größen wahrscheinlich eher nicht.

2.2. Erweiterbarkeit und Änderbarkeit von Dokumenten

2.2.1. Nichtlineares Arbeiten

Lineares Arbeiten, wobei ein Dokument, wie beispielsweise ein Schulaufsatz, durchgehend von Anfang zum Ende erstellt wird, ist im Zeitalter der digitalen Texterstellung wohl eher unüblich geworden. Die meisten der Arbeiten, um die es in unserem Buch geht, dürften heute wohl nichtlinear erstellt werden. D. h., dass man immer an dem Dokumententeil arbeitet, an dem man gerade arbeiten kann. Das bedeutet aber auch, dass Teile üblicherweise nachgeschoben, gelöscht oder verschoben werden. Das alles soll so passieren, dass die Nummerierung der Kapitel, Bilder etc. immer regelkonform und in sich schlüssig erfolgt.

2.2.2. Termingerechte Lieferung

Die aktuellen technischen Möglichkeiten ermöglichen Änderungen bis kurz vor der Fertigstellung und mit diesen Möglichkeiten kommt auch in verstärktem Maße die Forderung nach kurzfristigen Änderungen. **Änderungen bis kurz vor der Fertigstellung werden ganz einfach erwartet.**

Stellen Sie sich vor, Ihre Arbeit habe 100 Seiten und 30 Bilder. Zwischen den derzeitigen Bildern 3 und 4 soll das 31. Bild eingeschoben werden. Selbstverständlich soll dieses neue Bild nach dem Einschieben als Bild 4 bezeichnet werden. Die weiteren Bildnummern sind dann ebenfalls anzupassen. Das ist ein Problem aber längst nicht das einzige. Durch das zusätzliche Bild werden Kapitel auf anderen Seiten landen als bisher. Das Inhaltsverzeichnis muss angepasst werden. Außerdem müssen die Seitenumbrüche überarbeitet werden und, und, und,….

2.2.3. Änderungsfreundlichkeit

Vielfach werden gleiche oder sehr ähnliche Text in unterschiedlichen Zusammenhängen eingesetzt. In einem solchen Fall bleibt dann der häufig der Text (fast) gleich, hingegen ändert sich die Optik (Schriftart, Zeilenabstand, Spaltenzahl, …) des Dokuments weil Sie geänderte Formatvorgaben einhalten müssen. Bei guter Vorbereitung und entsprechendem Know-How sind solche Anpassungen auch für umfangreiche Dokumente eine Sache von Minuten.

2.3. Jetzt geht's los

2.3.1. Installieren Sie Ihre Office-Suite

LibreOffice können Sie über die Seite [DLLIBOFF] (neueste Version) oder über die Seite [DLLLIBOFFOLD] (stabile Vorgängerversion) aus dem Internet herunterladen. Auf den genannten Seiten finden Sie jeweils eine Schaltfläche zum Herunterladen des Programms und der Offline-Hilfe. Ich empfehle Ihnen, beides herunterzuladen.

Die anschließende Installation ist selbsterklärend.

Für OpenOffice finden Sie unter [DLOPENOFF] die entsprechenden Downloadlinks. Die Installation ist ebenfalls selbsterklärend und weist keine Besonderheiten auf.

2.3.2. So organisieren und starten Sie ihr Projekt.

Hierzu legen Sie ein Verzeichnis MEINPROJEKT an und öffnen in diesem Verzeichnis eine Datei **MEINPROJEKT_AKTUELL.odt**[3]. In dieser Datei speichern Sie jeweils den aktuellen Projektstand ab. In regelmäßigen Abständen sollten Sie dann eine Sicherungskopie anlegen. Ich verwende hierfür das Format **MEINPROJEKT_JJJJMMTT.odt**[4]. Im Verzeichnis **MEINPROJEKT** werden weiterhin Bilder und ähnliche Bausteine des Projekts untergebracht, wobei ich die Bilder kapitelweise in Unterverzeichnissen **BILDERXX** (z. B. **BILDER01** für die Bilder zu Kapitel 1) ablege.

Legen Sie unbedingt regelmäßig eine Sicherungskopie Ihres Dokuments an!!

```
Mein_Projekt-- |
               |-MEINPROJEKT_AKTUELL.odt
               |-MEINPROJEKT_20150915.odt
               |-MEINPROJEKT_20150915.odt
               |-Bilder01--- |
               |             |-MEINPROJEKT_BILD01_01.jpg
               |             |-........................
               |
               | .............
               |-Bilder_n
```

Abbildung 1: Verzeichnisbaum für ein Dokumentenprojekt (Beispiel)

3 Das ist mein System wie es sich in meinen Buchprojekten bewährt hat. Wenn Sie bereits ein anderes bewährtes System gefunden haben, spricht sehr viel dafür, dass Sie dieses beibehalten..

4 JJJJMMTT steht für Jahr-Monat-Tag (Jahr vierstellig, Monat und Tag zweistellig).

3. Seitenaufbau

3.1. Seitenaufbau und Publikationsformat

Seitengröße??

Es ist fast die Regel, dass die Seitengröße und der Rand einer Seite vorgegeben wird. Dem müssen Sie durch Erstellen oder Anpassen einer entsprechenden Seitenvorlage Folge leisten. Weiterhin ist zu bedenken, ob die Publikation mit ein- oder zweiseitigem Druck erscheint. Im ersteren Fall haben Sie immer mit gleichartigen Seiten, im zweiten Fall mit gespiegelten Seiten zu tun. Gespiegelt heißt z. B. dass bei der linken Seite (in der Regel mit gerader Seitenzahl) der Rand rechts (Innenrand) so breit ist, wie auf der rechten Seite der Rand links. Vielfach werden bei zweiseitigem Druck auch symmetrische Seiten verlangt, da bei Einlieferung des Manuskripts noch gar nicht feststeht, ob eine bestimmte Seite in der endgültigen Publikation (z. B. in einem Tagungsband) rechts oder links erscheint.

Ein- oder zweiseitiger Druck??

Seitenformatvorlagen finden Sie unter F11 | oder Format |Formatvorlagen...| .

Die existierenden Seitenformatvorlagen sind dort aufgelistet. Seitenformatvorlagen sind grundsätzlich unabhängig voneinander. Anders als bei Absatz- oder Zeichenformatvorlagen besteht zwischen Ihnen kein hierarchischer Zusammenhang. Die für Ihr

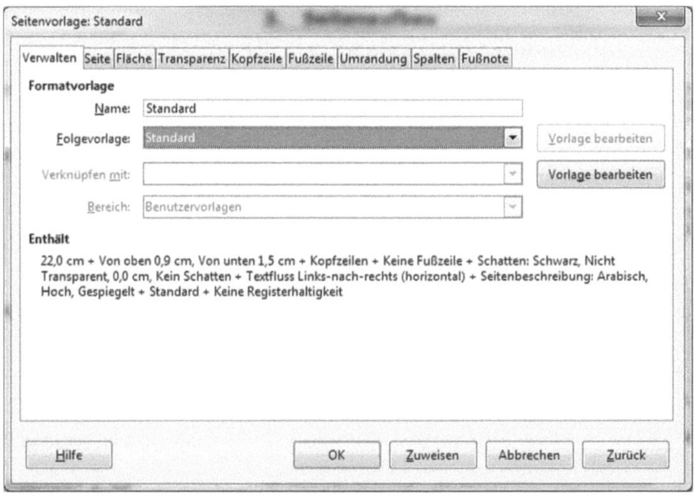

Abbildung 2:Formular zur Bearbeitung von Seitenvorlagen., Karteikarte Verwalten

Dokument erforderlichen Seitenformatvorlagen erhalten Sie, indem Sie bestehende Vorlagen abändern oder neue erstellen.

Dia Anzeige der der Formatvorlagen (Abbildung 3), kann mit unterschiedlicher Filterung erfolgen. Die Filterung wird mittels des unterhalb der Liste befindlichen Listenfelds gewählt. Wichtige Filter sind:

Abbildung 3: Auswahlliste für die Seitenformatvorlagen

- **Alle Vorlagen:** Alle verfügbaren Vorlagen werden in alphabetischer Ordnung aufgelistet.
- **Hierarchisch**[5]**:** Die Vorlagen werden in ihrer hierarchischen Ordnung dargestellt. Ggf. werden zuerst nur die Wurzelknoten angezeigt. Existiert zu einem Knoten ein Unterformat, so ist der Knoten mit einer kleinen, mit + bezeichneten Schaltfläche markiert. Klickt man auf diese Schaltfläche, so wird der Knoten aufgefaltet und die jeweiligen Unterformate (abgeleiteten Formate) werden angezeigt. Dieser Schritt kann ggf. mehrmals wiederholt werden.
- **Verwendete Vorlagen**: zeigt nur die Vorlagen an, die bereits im Dokument verwendet wurden. Diese Filtereinstellung sollten Sie wählen, wenn Sie sicher stellen wollen, dass mit einem Format gearbeitet wird das bereits eingesetzt wurde. Auf diese Weise können Sie die Anzahl der verwendeten Formate beschränken und die Formatierung übersichtlich halten

3.1.1. Anpassung und Neuerstellung eines Seitenformats

Für den Mengentext Ihres Dokuments wählen Sie üblicherweise das Format `Standard`. Für andere Bereiche gibt es vorbereitete Vorlagen (z. B. `Inhaltsverzeichnis`) die Sie ggf. anpassen können.

Wählen Sie die Formatvorlage `Standard` an (Rechtsklick|Ändern) um sie an Ihre Anforderungen anzupassen. Es erscheint die Karteikarte Verwalten (Abbildung 2). Auf der Karteikarte Verwalten wird nichts verändert. Wählen Sie danach die Karteikarte Seite an. Hier setzen Sie im ersten Schritt die Seitenausrichtung (Hoch- oder Querformat) und das Format. Als Format wählen Sie entweder aus dem mit Format

5 Nicht bei Seitenformaten

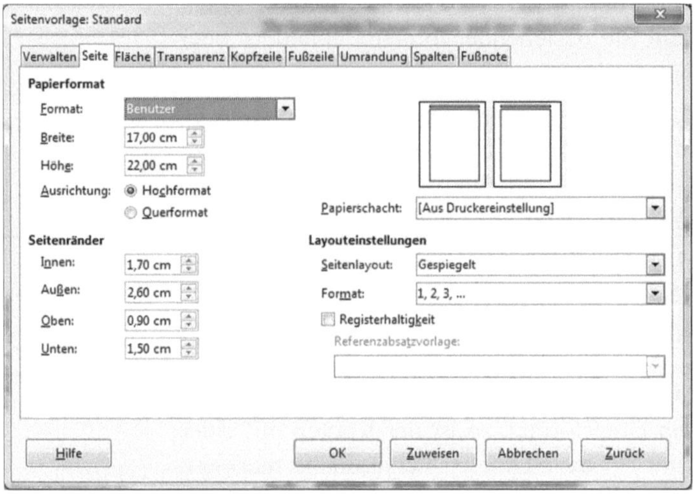

Abbildung 4:Formular zur Bearbeitung von Seitenvorlagen., Karteikarte Seite

bezeichneten Listenfeld ein Standardformat aus. In diesem Fall erscheinen unter Breite und Höhe die Maße des entsprechenden Standardformats. Wenn Sie A4 wählen und *Hochformat* eingestellt haben erscheint 21 cm als Breite und 29,70 cm als Höhe. Änderungen an einzelnen Seitenformatvorlagen wirken sich nur auf diese selbst aus.

Ein neues Seitenformat erstellen Sie durch Rechtsklick | Neu auf die Liste der Formatvorlagen.

3.1.2. Mehrspaltiger Text

Die Spaltendefinition erfolgt in der Seitenvorlage auf der Karte Spalten

In manchen Fällen kann es sein, dass die Anordnung des Fließtexts in mehreren Spalten gefordert ist. Die Spaltendefinition nehmen Sie auf der Karte Spalten des Formulars für die Seitenvorlagen vor. Hier finden Sie Schnelleinstellmöglichkeiten für 5 verschiedene Standard-Spalteneinstellungen und ein breites Spektrum individueller Einstellmöglichkeiten, die keinen Wunsch offen lassen.

3.1.2.1. Standard-Einstellmöglichkeiten

Die Standardeinstellungen werden über fünf Schaltflächen im oberen Bereich der Karte, auf denen die Spaltenstruktur schematisch abgebildet ist, vorgenommen. Von links nach rechts haben diese folgende Bedeutung

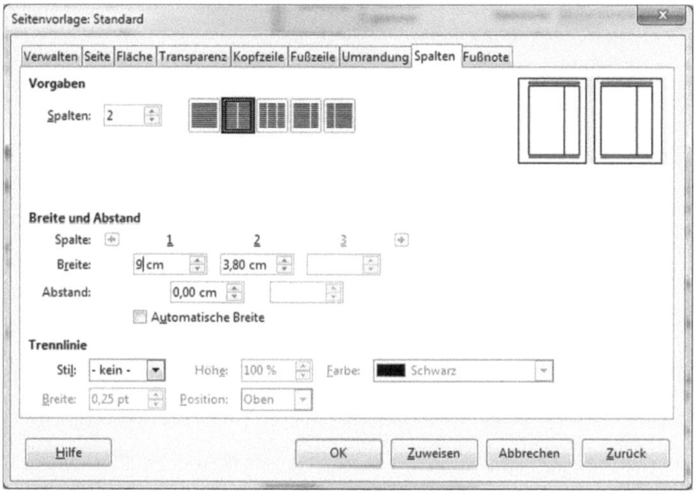

Abbildung 5: Formular zur Bearbeitung von Seitenvorlagen., Karteikarte Spalten

- Einspaltig
- Zweispaltig, alle Spalten gleich breit
- Dreispaltig, alle Spalten gleich breit
- Zweispaltig, Breitenverhältnis 2:1, linke Spalte breiter.
- Zweispaltig, Breitenverhältnis 1:2, rechte Spalte breiter.

Wie diese Standardeinstellungen individuell angepasst werden können, wird unter gemäß 3.1.2.2 erläutert..

> Mehr als 3 Spalten:
>
> Daten der Spalten mittels der Pfeiltasten in den Arbeitsbereich rücken!!

3.1.2.2. Individuelle Anpassungsmöglichkeiten

Für die individuelle Einstellung löschen Sie das Häkchen bei Automatische Breite und wählen bei Spalten die gewünschte Spaltenzahl. Spaltenbreite und -abstand können Sie dann unter Breite und Abstand individuell einstellen. Bei mehr als drei Spalten können Sie die Daten der zu bearbeitenden Spalten mittels der Pfeil-Schaltflächen und in den Arbeitsbereich rücken.

3.1.3. Kopf- und Fußzeilen

Auf den Karteikarten Kopfzeile und Fußzeile können Sie die Daten der beiden Bereiche anpassen. Wichtiges Maß sind dabei der Abstand zum oberen bzw. unteren Seitenrand und die Höhe.

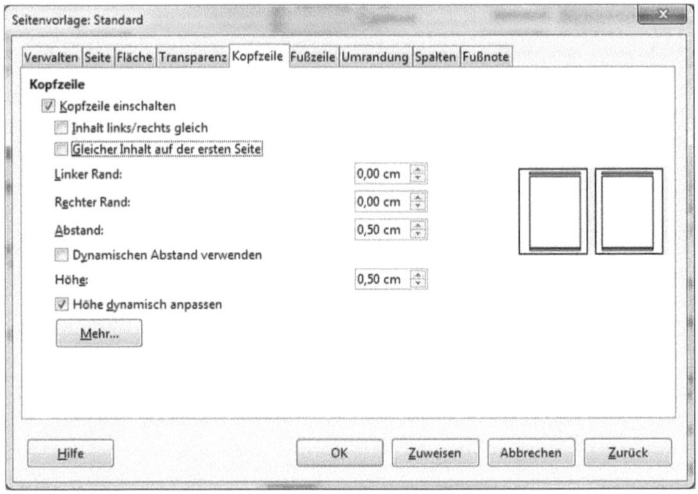

Abbildung 7: Formular zur Bearbeitung von Seitenvorlagen., Karteikarte Kopfzeile

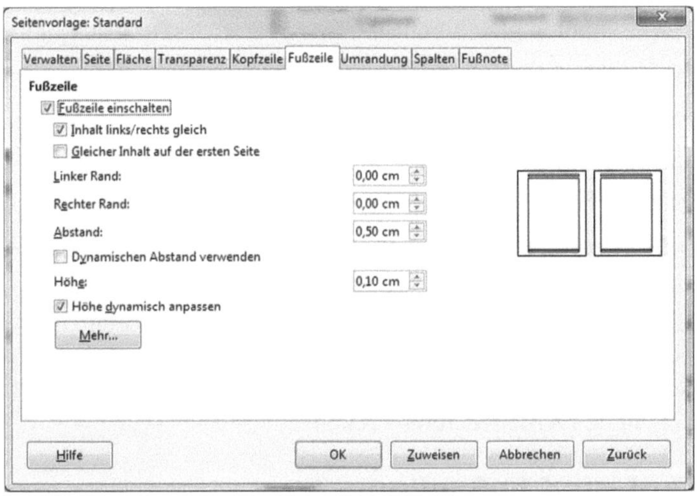

Abbildung 6: Formular zur Bearbeitung von Seitenvorlagen., Karteikarte Fußzeile

Der Abstand zum oberen Blattrand wird auf der Karte Seite unter Seitenränder| Oben eingestellt.

Die Höhe der Kopfzeile und der Abstand zwischen Kopfzeile und Textbeginn wird auf der Karte Kopfzeile eingestellt.

3.1.3.1. Kopf- und Fußzeilen aus mehreren Abschnitten

In diesem Buch besteht die Kopfzeile aus zwei Abschnitten, der Seitenüberschrift und der Seitenzahl. Diese Aufgliederung erreichen Sie, indem Sie in die Kopfzeile eine Tabelle (5.3, Seite 40) einfügen. Im Falle dieses Buches besteht sie aus einer Zeile und zwei Spalten. Die Höhe eingefügter Tabellen wird nicht auf die Höhe der Kopfzeile angerechnet.

Zur Einstellung der Fußzeile gehen Sie in gleicher Weise vor wie zur Einstellung der Kopfzeile. Allerdings verwenden Sie hier die Karteikarte Fußzeile.

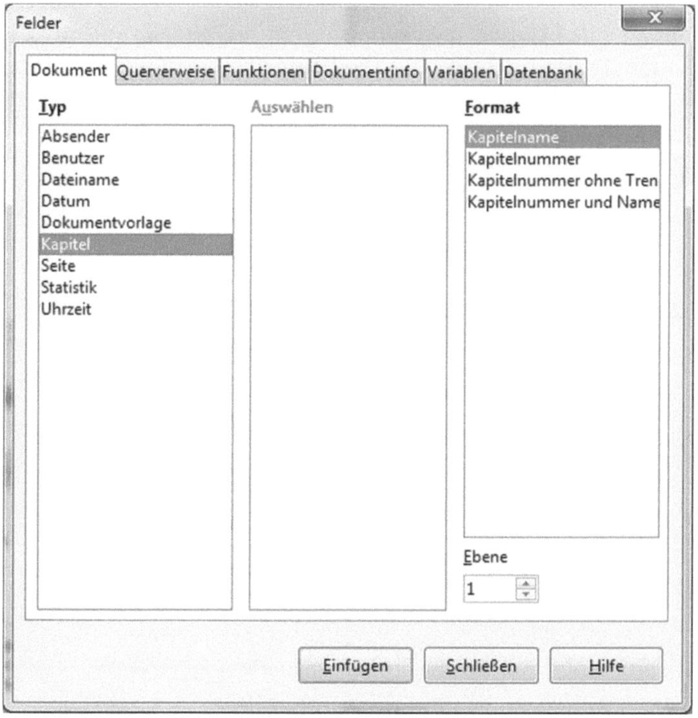

Abbildung 8: Formular Felder mit Karteikarte Dokument zur Auswahl der Kapitelüberschriften

3.1.3.2. Datenübernahme in Kopf- und Fußzeilen

Kapitelüberschriften in der Kopfzeile erleichtern die Orientierung.

Damit man beim schnellen Durchblättern der Buches sofort eine Information über den jeweiligen Seiteninhalt bekommt, ist es möglich, die jeweilige Kapitelüberschrift in die Kopfzeile einzutragen. Im Fall dieses Buches wird dabei auf der rechten Seite die Überschrift der Kapitelebene 1 und auf der linken Seite die Überschrift der Kapitelebene 2 eingetragen.

Wählen Sie Einfügen | Feldbefehl |weitere Felder und wählen Sie im sich dann öffnenden Formular *Felder* die Karteikarte Dokument (Abbildung 8). Hier wählen Sie unter Typ *Kapitel* und unter Format *Kapitelnummer* und *Text*. Außerdem stellen Sie unter Ebene den Wert 1 ein. Dann platzieren Sie den Schreibcursor an die Stelle in der Kopfzeile, wo der Text eingefügt werden soll und betätigen die Schaltfläche Einfügen.

Die Beschriftung auf der linken Seite erfolgt sinngemäß gleich, nur dass als Kapitelebene die 2 gewählt wird.

Diese Einstellung gilt bis sich das Seitenformat ändert. Sie gilt also beispielsweise für den gesamten Textteil des Buches (Seitenformat *Standard*), aber nicht für am Anfang oder Ende des Buches stehende Verzeichnisse (Seitenformat *Inhaltsverzeichnis*, *Stichwortverzeichnis* o. ä.)

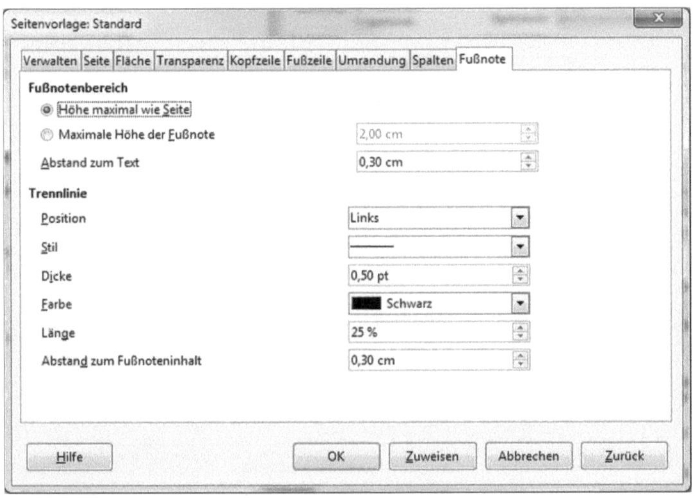

Abbildung 9: Formular zur Bearbeitung von Seitenvorlagen, Karteikarte Fußnote

3.1.4. Fuß- und Endnoten

Fußnoten sind Hinweise zum Text, die am Fuß einer Seite angeordnet sind. Endnoten stehen entsprechend am Ende eines Dokuments. Im weiteren wird nur auf Fußnoten näher eingegangen.

3.1.4.1. Optik der Fußnoten

Das Aussehen des Fußnotentexts (Höhe, Abstand, Trenner etc. …) wird durch das Absatzformat `Fußnote` und die Einstellung in der Seitenvorlage (Karte Fußnote, Abbildung 9) bestimmt.

3.1.4.2. Einfügen von Fußnoten

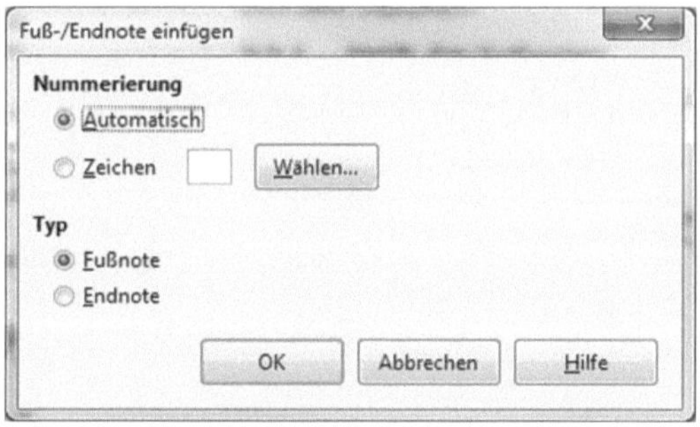

Abbildung 10: Dialogbox zur Festlegung von Details für einzelne Fuß-/Endnoten

Positionieren Sie den Schreibcursor an die Position im Text, wo die Fußnote eingefügt werden soll. Wenn Sie dann Einfügen | Fuß-/Endnote... wählen, erscheint die in Abbildung 10 abgebildete Dialogbox. Hier können Details für die aktuelle Fuß-/Endnote festgelegt werden.

3.1.5. Seitennummerierung

Die Seitennummerierung erfolgt in der Regel im Kopf- oder Fußbereich der Seiten, wobei bestimmte Seitenbereiche (z. B. durch entsprechende Gestaltung des Seitenformats) von der Nummerierung ausgenommen oder abweichend[6] nummeriert werden können.

6 Z. B. kann die Nummerierung mit römischen statt mit arabischen Zahlen erfolgen.

Seitennummern werden mit dem Kommando Einfügen|Feldbefehl|Seitennummer eingefügt.

3.2. Absatz- und Zeichenformate

3.2.1. Wichtige Regeln für die Verwendung von Absatz- und Zeichenformaten

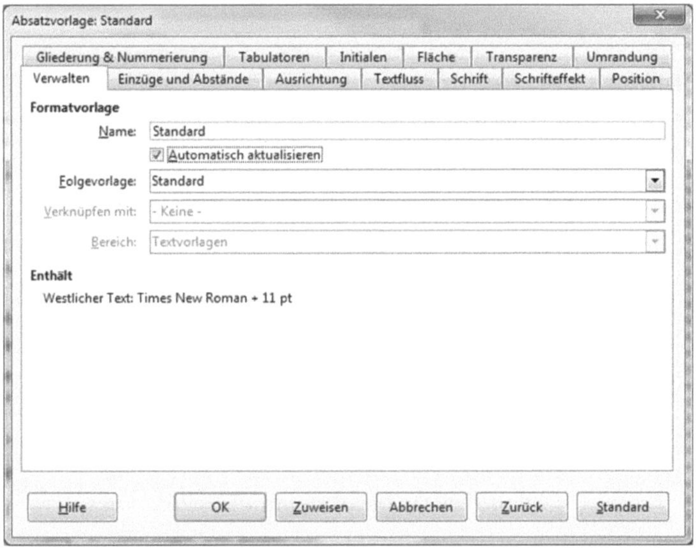

Abbildung 11: Formular zur Bearbeitung der Absatzvorlage Standard, Karteikarte Verwalten

Bei der Formatierung von Absätzen und Zeichen sollten, ja müssen Sie unbedingt die folgenden Grundregeln beachten:

- Es gibt keine Leerzeilen. Abstände über oder unter Absätzen werden über das betreffende Absatzformat realisiert.
- ENTER wird nur betätigt, wenn wirklich ein neuer Absatz entstehen soll. Soll lediglich eine Textfortsetzung am Zeilenanfang erfolgen, muss Shift/Umsch – ENTER eingegeben werden.
- Das Aussehen von Texten wird nur über Formatvorlagen bestimmt, nicht durch sonstige, unkontrollierte Eingriffe in die Formatierung. Was ein eigenes „Gesicht“ hat bekommt auch ein eigenes Format!

- Sie setzen das Absatzformat `Standard` nicht direkt ein sondern nur davon abgeleitete Formate.
- Die Nummerierung von aufzählenden Absätzen oder Kapiteln erfolgt nicht freihändig, sondern nur unter Nutzung entsprechender Formate.

Sie finden das zu restriktiv? Das kann ich zu diesem Zeitpunkt durchaus verstehen. Wenn Sie dieses Buch durchgearbeitet haben sind Sie, da bin ich mir sicher, meiner Meinung!

3.2.2. Absatzformate

Mit Absatzformaten wird einem Absatz ein einheitliches Format zugewiesen. Das betrifft u.a.

- Schriftart
- Schriftstil
- Schriftgröße
- Zeilenabstand
- Abstände über und unter dem Absatz
- Besonderheiten der Nummerierung
- Zeilenumbruch

Absatzformate gelten für den ganzen Absatz. Ein Absatz endet jeweils mit der Betätigung der Eingabe- (Enter-) Taste.

3.2.3. Zeichenformate

Zeichenformate sind den Absatzformaten untergeordnet. Sie kommen zum Einsatz wenn einzelne Bereiche des Absatzes (in der Regel einzelne Wörter) abweichend vom sonstigen Absatz formatiert werden sollen. Das Zeichenformat hat Vorrang vor dem Absatzformat.

Ein Zeichenformat hat Vorrang vor dem Absatzformat.

3.2.4. Einstellen Ihres Absatzformats

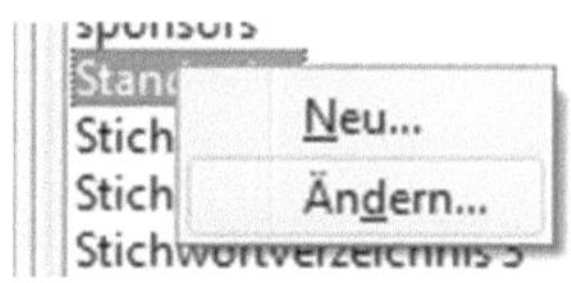

Abbildung 12: Popup-Menü zur Neuerstellung / Änderung von Formatvorlagen

Vorlagen für Absatzformate finden Sie in ähnlicher Weise wie die für Seitenvorlagen unter Formatvorlagen | (≡) oder F11 | (≡) . Wenn Sie in der Liste der Absatzformate mit der rechten Maustaste auf die Zeile `Standard` klicken erscheint ein Popupmenü (Abbildung 12). In diesem haben Sie die Wahl, das Format `Standard` zu bearbeiten

(Abbildung 11), oder ein neues Absatzformat, das auf dem Format `Standard` basiert zu erstellen (Abbildung 13).

3.2.4.1. Der erste Schritte - das Format Standard

Die Formatierung der Texte, die üblicherweise den Kern des Inhalts bilden, basiert auf dem Format `Standard`. Das heißt aber ausdrücklich nicht, dass üblicherweise das Format `Standard` zur Formatierung eingesetzt wird.

Im Format `Standard` wird z. B.

- die **übliche** Schriftart,
- die **übliche** Schriftgröße und
- der **übliche** Zeilenabstand eingestellt.

Auf der Karteikarte Verwalten in Abbildung 11 finden Sie unter *Enthält* diejenigen Einstellungen aufgeführt, die beim aktuell angewählten Format von der Ausgangseinstellung, d. h. von den Standardwerten, abweichen. Das sind in diesem Fall der Zeichensatz und die Schriftgröße[7].

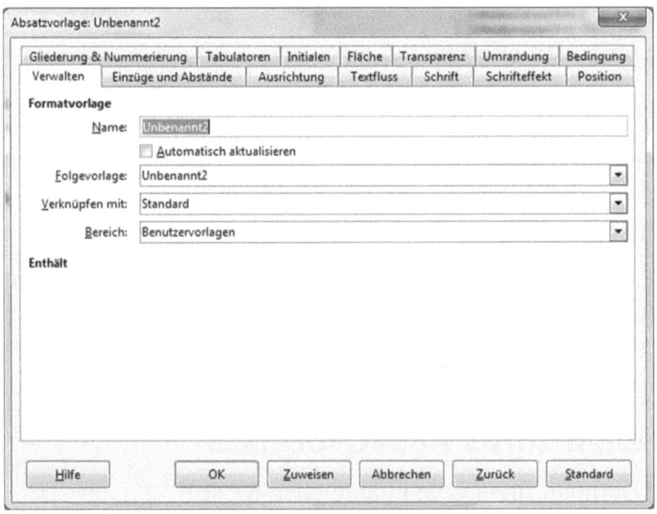

Abbildung 13: Formular zur Neuerstellung einer von Standard abhängigen Absatzvorlage, Karteikarte Verwalten

7 In LibreOffice 4.4.5.2 wird die Schriftgröße auf ganze Zahlen gerundet dargestellt. Wenn eine Größe von 10,5 pt eingestellt ist, wird an dieser Stelle 11 pt angezeigt.

3.2.4.2. Fast ein Universalgenie – Das Format Textkörper

Das Absatzformat `Textkörper` wird für den Mengentext also für den Kern Ihrer Arbeit verwendet. Es ist mit dem Format `Standard` verknüpft, baut also auf diesem auf. Es besitzt üblicherweise die gleiche Schriftart und -größe, unterscheidet sich aber z. B. was die Abstände vor und hinter den Absätzen angeht.

3.2.4.3. Die Mutter aller Überschriften – Das Format Überschrift

Das Format `Überschrift` legt die Grundlage für alle Überschriften. Vom Format `Textkörper` wird es sich z. B. durch den Zeichensatz und oder den Schriftstil unterscheiden. So ist z. B. In diesem Buch der Fließtext in einer Serifenschrift[8] gesetzt, während die Überschriften serifenlos sind. Außerdem sind sie fett geschrieben und die Schriftgröße ist größer als im Fließtext. Die Einstellungen zur Schrift erfolgen auf den Karteikarten Schrift und Schrifteffekt.

3.2.4.4. Der Anfang für die Kapitel – Das Format Überschrift 1

Für die Überschrift der höchsten Hierarchieebene wählen Sie das Format `Überschrift 1`[9]. Zweckmäßigerweise leiten Sie das Format von `Überschrift` ab und ändern darin die erforderlichen Eigenschaften (z. B. die Schriftgröße). Diese kann übrigens absolut (in Punkten (pt)[10]) oder relativ (in %) angegeben werden. Das Ableiten einer Vorlage von einer anderen erfolgt, indem Sie die Basisvorlage (hier `Überschrift`) anwählen und darauf aufbauend (Eintrag Verknüpfen mit `Überschrift` auf der Karte Verwalten) eine neue Vorlage erstellen (Popupmenü Neu).

Alles was mit der Nummerierung und der Positionierung des Überschriftstexts in der Zeile zu tun hat, bestimmen Sie im Zuge der Kapitelnummerierung, die in Kapitel 4.1 erläutert wird.

3.3. Textfluss

Abbildung 14 zeigt die Karte für die Bearbeitung des Textflusses. Das Hauptmerkmal des Textflusses ist die Silbentrennung. Hier ist für die meisten Fälle die automatische Silbentrennung sinnvoll. Die Einstellung der Mindestzeichenzahl am Zeilenende und am Zeilenanfang dient der ästhetischen Gestaltung des Textbildes. 2 bis 3 ist hier ein sinnvoller Wert.

---

8 Serifen sind die kleinen Häkchen an den Enden der Buchstaben. Times New Roman ist eine Beispiel für eine Serifenschrift. Arial ist serifenlos.

9 Aus Gründen der Übersichtlichkeit empfehle ich diese Namensvergabe. Grundsätzlich ist jede Namenswahl möglich.

10 Punkt (pt) ist ein Maß aus dem Schriftsatz. Es entspricht 1/72 Zoll oder 0,3528 mm.

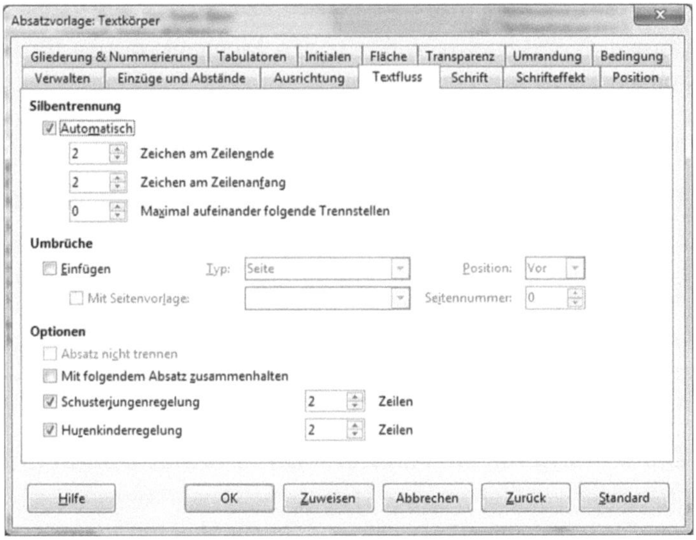

Abbildung 14: Formular zur Bearbeitung einer Absatzvorlage, Karteikarte Textfluss

Wenn Hauptkapitel immer auf einer neuen Seite beginnen sollen, muss Überschrift 1 mit einem Seitenumbruch versehen werden.

Manche Absatzformate sind stets mit einem Umbruch verbunden. So kann es z. B. gewollt sein, dass bei einer Überschrift erster Ordnung (üblicherweise Format `Überschrift 1`) immer eine neue Seite begonnen wird.

Bei mehrzeiligen Überschriften Absatz nicht trennen

Das Zusammenhalten von Absätzen bedeutet, dass zwei aufeinander folgende Absätze auf der selben Seite untergebracht werden. Das ist z. B. bei einer Überschrift und dem darauf folgenden Text gefordert. Bei mehrzeiligen Überschriften wäre in solchen Fällen zusätzlich sicherheitshalber Absatz nicht trennen einzustellen, damit die gesamte Überschrift auf einer Seite bleibt.

Ein Schusterjunge ist die erste Zeile eines Absatzes, die allein (unten) auf einer Seite steht. In ähnlicher Weise ist ein Hurenkind die letzte Zeile eines Absatzes, die allein (oben) auf einer Seite steht.

Die voreingestellte Schusterjungenregelung bewirkt, dass auf einer Seite unten mindestens die beiden ersten Zeilen des nächsten Absatzes stehen, ansonsten erfolgt ein früherer Seitenumbruch. Für die Hurenkinderregelung gilt das sinngemäß für den Seitenanfang und mindestens die beiden letzten Zeilen des Absatzes.

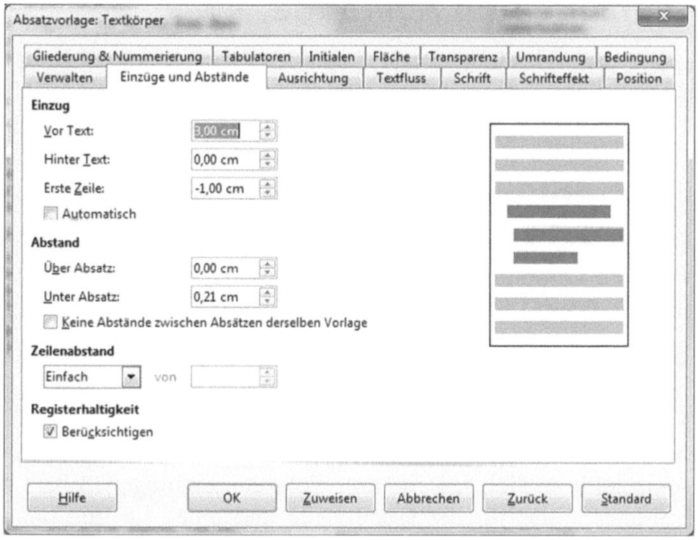

Abbildung 16: Formular zur Bearbeitung einer Absatzvorlage, Karteikarte Einzüge und Abstände

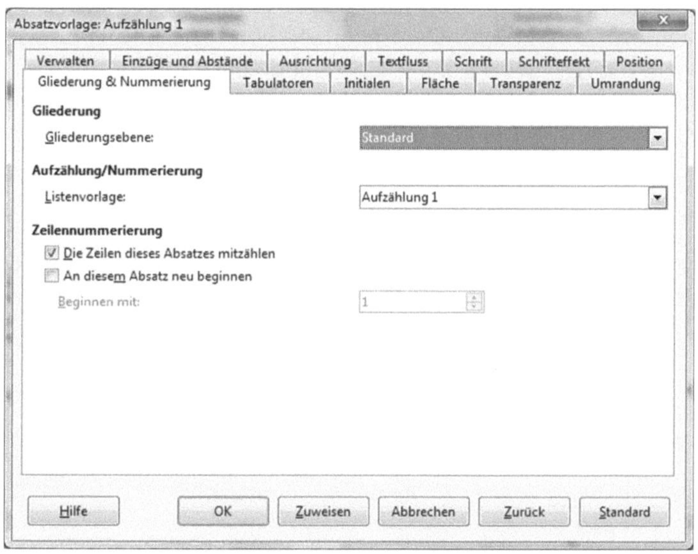

Abbildung 15: Formular zur Bearbeitung einer Absatzvorlage, Karteikarte Gliederung und Nummerierung

3.4. Einzüge und Abstände

Die Einzüge und Abstände werden auf der gleichnamigen Karteikarte (Abbildung 16) festgelegt. Die Dialoge sind selbsterklärend. Die Wirkung der Einzugeinstellung wird in einer kleinen Symbolgrafik im rechten Teil der Karte gezeigt.

3.5. Aufzählungen / Nummerierungen

Aufzählungen/ Nummerierungen verbinden ein Absatzformat mit einem Listenformat.

Standardmäßig sind in OpenOffice/LibreOffice verschiedene Aufzählungs-/Nummerierungsformate vorbereitet. Ihre Besonderheit ist, dass bei Ihnen ein „normales" Absatzformat mit einem Listenformat verbunden wird (Abbildung 15).

Diese Formate besitzen die Namen *Aufzählung...* und *Nummerierung...* . Aufzählungen, egal ob sie mit Symbolen oder alphanumerischen Zeichen versehen sind, befinden sich üblicherweise zwischen Fließtext-Absätzen. Damit die Abstände innerhalb der Aufzählung und zum benachbarten Fließtext ansprechend gestaltet werden können empfiehlt es sich jeweils drei Formate anzulegen. Eines für die erste Zeile der Aufzählung, eines für die letzte Zeile und eines für alle dazwischen liegenden Zeilen. Diese Formate können dann z. B. statt lediglich mit *Aufzählung_i* mit *Aufzählung_i_Anfang*, *Aufzählung_i_Fortsetzung* und *Aufzählung_i_Ende* bezeichnet werden.

Auf der Karte Gliederung und Nummerierung wird das Aufzählungsformat mit einem Listenformat verknüpft. Die Erstellung von Listenformaten wird hier nicht näher besprochen. Sie hat vieles mit der Erstellung von Kapitelformaten (siehe Kapitel 4.1) gemeinsam. Hier wird ausschließlich mit fertigen Listenformaten gearbeitet.

3.5.1. Symbolische Aufzählung

In symbolischen Aufzählungen wird jeder Punkt durch ein Symbol eingeleitet…

Mit dem Absatzformat *Aufzählung 1*[11] unter Nutzung des Listenformats *Aufzählung 1* ergibt sich die folgende Aufzählungshierarchie:

- a
  - b
    - c

11 Standardmäßig in OpenOffice/LibreOffice enthalten. Hier ist die LibreOffice-Version dargestellt.

oder mit dem Absatzformat `Aufzählung 4` unter Nutzung des Listenformats `Aufzählung 4`:

➢ a

 → b

  ◆ c

Das Einrücken nach rechts durch einmalige Betätigung der Schaltfläche entspricht jeweils einem Ebenenschritt. Die Symbole für die einzelnen Ebenen sind in der jeweiligen Listenvorlage definiert. Also für die obigen Beispiele in den **Listenvorlagen** `Aufzählung 1` und `Aufzählung 4`.

Die Formatbezeichnungen sind in der obigen Weise sehr zweckmäßig, weil sie zur Übersicht beitragen. Grundsätzlich aber sind sie frei wählbar.

3.5.2. (Alpha-) Numerische Aufzählung

Mit dem Absatzformat `Nummerierung 5` unter Nutzung des Listenformats `Nummerierung 5` ergibt sich die folgende Nummerierungshierarchie:

1. AAAAAA…..

 1.2. BBBBB…..

  c) CCCCCC…..

3.6. Absatzformate ändern und neu erstellen

Das neu Erstellen und Ändern von Absatz- und Zeichenformaten erfolgt ähnlich wie das der Seitenformate. Anders als dort ist hier aber eine hierarchische Gliederung der Formate üblich. Das neu hinzugefügte Format ist mit einem bestehenden Format (Karte Verwalten, Eintrag unter Verknüpfen mit...) verknüpft. Das neue Format übernimmt zunächst alle Eigenschaften des unter Verknüpfen mit... genannten Formats. Lediglich diejenigen Eigenschaften, die sich gegenüber dem verknüpften Format ändern, müssen explizit gewählt werden.

Die Verknüpfung von Absatzformaten erleichtert die Realisierung eines einheitlichen Darstellungsstils.

Beispielsweise gibt es in diesem Dokument ein Format `Überschrift`, von dem alle anderen Überschriftsformate `Überschrift 1` bis `Überschrift i` abgeleitet sind. In diesem Format `Überschrift` ist die Schriftart `Verdana` festgelegt. Wenn Sie in den durch Verknüpfung abgeleiteten Absatzvorlagen keine Schriftart festlegen, werden alle Überschriften mit der Schriftart `Verdana` ausgeführt. Sofern Sie die Schriftart aller Überschriften beispielsweise auf `Times New Roman` ändern möchten, müssen Sie nur im Format Überschrift die Schriftart entsprechend ändern.

4. Kapitelstruktur

4.1. Hierarchische Kapitelgliederung, Kapitelüberschriften und Kapitelverwaltung

Anders als in Werken der Belletristik sind in wissenschaftlichen Arbeiten Zwischenüberschriften mit hierarchischen Strukturmerkmalen üblich. Immer dann wenn Sie Ihre Arbeit nichtlinear[12] erstellen, wenn Sie bisweilen Abschnitte nachträglich einfügen, löschen oder umsetzen, ist es wichtig, dass Sie sich an die nachfolgend beschriebene Vorgehensweise halten. Nur dann kann der Rechner Nummerierungsarbeiten für Sie rasch und fehlerfrei erledigen

4.1.1. Kapitelgliederung

4.1.1.1. Numerische Gliederung mit arabischen Zahlen

Hierarchische numerische Gliederungen mit arabischen Zahlen sind die am weitesten verbreitete Art der Gliederung in wissenschaftlichen Dokumenten. Hierbei wird die höchste Kapitelebene mit einer Zahl, die nächste mit zwei Zahlen nummeriert usw.

Abbildung 17: Formular für die Kapitelnummerierung, Karteikarte für die Nummerierung in den einzelnen Ebenen

12 Die zeitliche Reihenfolge der Erstellung von Texten entspricht nicht deren räumlicher Anordnung im endgültigen Dokument.

Die Gliederung sieht dann beispielweise folgendermaßen aus:

1. Kap 1
1.1. Kap 1_1
1.1.1. Kap 1_1_1
1.2. Kap 1_2
2. Kap_2
3. Kap_3
usw.

Über Extras|Kapitelnummerierung... wählen Sie das Formular für die Kapitelnummerierung, darin finden Sie die beiden Karteikarten Nummerierung und Position.

Auf der Karteikarte Nummerierung (Abbildung 17) wählen Sie zunächst die Nummerierungsebene Dieser Auswahl sind die übrigen Elemente untergeordnet. Die angewählte Nummerierungsebene (Ebene) wird ggf. auch für die Karteikarte Position übernommen und umgekehrt.

Unter Absatzvorlage ordnen Sie der Nummerierungsebene ein bereits existierendes Absatzformat zu. Standardmäßig verwendet man für die Überschriften Absatzformate mit der Bezeichnung `Überschrift xy` wobei *x* für die Nummerierungsebene und *y* für eine Zusatzeigenschaft steht. Im Standardfall entfällt *y*. Sie können Kapitelnummerierungen mit beliebigen Absatzformaten kombinieren.

Kapitelnummerierungen können mit beliebigen Absatzformaten kombiniert werden.

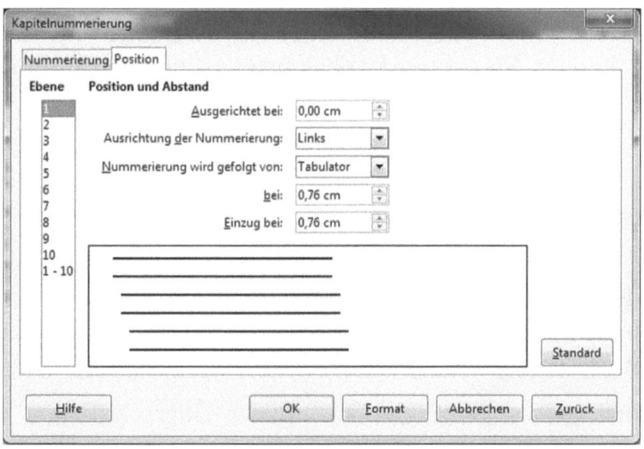

Abbildung 18: Formular für die Kapitelnummerierung, Karteikarte für die Positionierung in den einzelnen Ebenen

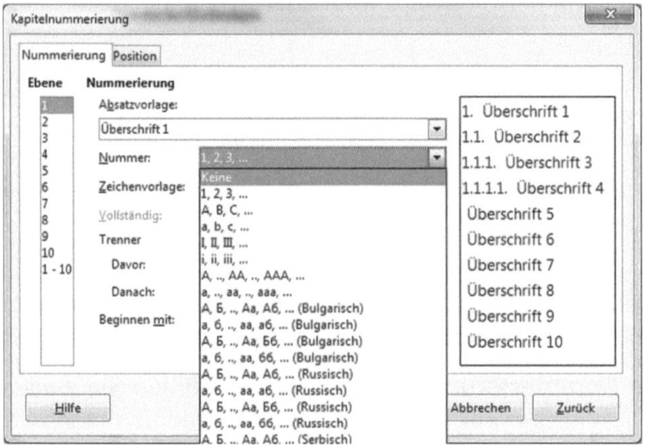

Abbildung 19: Formular für die Kapitelnummerierung, Karteikarte für die Nummerierung in den einzelnen Ebenen, Übersicht über die Nummerierungssysteme

Vor und hinter jeder der Zahlen kann (aber muss nicht) jeweils ein Trenner eingefügt werden. Dieser kann durch eine beliebige Zeichenfolge gebildet werden. Üblich ist der Punkt. Unter Nummer wird 1, 2, 3... gewählt.

Die Kapitelnummerierung muss nicht unbedingt bei 1 beginnen

Wenn Sie beispielsweise am zweiten Band eines Buchs arbeiten und dieser mit dem Kapitel 10 beginnt, können Sie das in Kapitelebene 1 unter Beginnen mit mit dem Wert 10 einstellen.

Auf der Karteikarte Position (Abbildung 18, Seite 31) kann ebenfalls die Ebene eingestellt werden. Diese Karte dient zur Einstellung der Position der Kapitelnummer und des nachfolgenden Überschriftstextes.

Unter Ausgerichtet bei wird die Lage der Kapitelnummer (Ausrichtungsort) bezüglich des Druckrands angegeben. Ausrichtung der Nummerierung bestimmt dabei, ob die Kapitelnummer linksbündig, rechtsbündig oder zentriert zu diesem Ausrichtungsort angeordnet ist.

Nummerierung wird gefolgt von gibt an, ob der Überschriftstext direkt an die Nummerierung anschließt (Keines), ob er auf genau ein Leerzeichen folgt (Leerzeichen) oder ob er nach einem Tabulatorschritt in genau festgelegtem Abstand folgt (Tabulator). Im Falle des Tabulatorsschritts kann unter bei angegeben werden, wo der Textteil der Überschrift beginnt. Für die zweite und jede weitere Zeile der Überschrift kann der Ort des Textsanfangs unter Einzug bei festgelegt werden.

Zehn Nummerierungsebenen sind in OpenOffice/LibreOffice für die Kapitelnummerierung möglich. Üblicherweise wird man aber nur 3 oder 4 Ebenen nutzen. Darüber hinaus werden Überschriften (eventuell noch in verschiedenen Größen) ohne Nummerierung eingesetzt. Hierzu können dann z. B. die Formate Überschrift 5 ff. eingesetzt werden.

4.1.1.2. Numerische Gliederung mit römischen Zahlen

In speziellen Fällen kann eine Gliederung in römischen Zahlen gefordert sein. In diesem Fall wählen Sie unter Nummer I, II, III... oder i, ii, iii... alles andere geschieht wie unter 4.1.1.1.

4.1.1.3. Alphabetische Gliederung

In speziellen Fällen wird eine alphabetische Gliederung gefordert. Hierfür stehen Ihnen zahlreiche Nummerierungsformate in verschiedenen Alphabeten und Strukturen zur Verfügung. In Mitteleuropa wird man z. B. das lateinische Alphabet in Groß- oder Kleinschreibung wählen (Nummer a, b, c... oder A, B, C...). Es stehen jedoch auch das griechische Alphabet und Alphabete in kyrillischer Schrift für verschiedene slawische Sprachen zur Verfügung.

4.1.1.4. Gemischte Gliederungsformen

In manchen Fachgebieten (z. B. in der Rechtswissenschaft) sind gemischte Gliederungen z. B. der folgenden Form üblich:

1.

1.i.

1.i.A. usw.

Auch derartige Gliederungen können Sie mit OpenOffice/LibreOffice realisieren, indem Sie unter Nummer für die Ebene 1 1,2,3... , für die Ebenen 2 i, ii, iii... und für die Ebene 3 A, B, C... wählen.

4.1.1.5. Seitenumbruch am Kapitelanfang

Vielfach soll vor (Haupt-) Kapiteln (Überschrift besteht aus einer Zahl, Format Überschrift 1) ein Seitenumbruch erfolgen. Die erreichen Sie durch Einstellung im betreffenden Absatzformat auf der Karte Textfluss (Kapitel 3.3, Seite 25).

4.2. Vor- und nachgeschaltete Abschnitte

Neben dem Mengentext für den eigentlichen fachlichen Inhalt können zusätzliche Abschnitte in Ihrer Arbeit auftreten, die zwar das „Gewicht“ eines Kapitels haben, aber nicht in die Kapitelnummerierung aufgenommen werden. Hierzu gehört z. B. Im Beispiel der Dissertation (S. 11) das Vorwort, die Zusammenfassung oder der Lebenslauf, aber auch diverse Verzeichnisse. Für diese Seiten sind sowohl spezielle Seitenformate als auch spezielle Absatzformate vordefiniert, die Sie leicht nach Ihren Bedürfnissen abwandeln können.

Nicht ganz einfach ist es, diese Abschnitte, die nicht der Kapitelnummerierung unterliegen in das Inhaltsverzeichnis aufzunehmen. Eine Möglichkeit hierfür ist, diesen Abschnitten die Kapitelebene 1 zuzuweisen aber keine Kapitelnummer vorzusehen.

Die Überschriften der Hierarchieebene 1 werden dann in Kapitelebene 2 eingeordnet usw. Die Nummerierung setzt dann ebenfalls erst in der Kapitelebene 2 ein. Für Kapitelebene 1 wird unter Extras | Kapitelnummerierung... | Nummerierung |Nummer *Keine* ausgewählt (4.1.1.1).

4.3. (Inhalts-) Verzeichnis automatisch erstellen

Wenn Sie die Formate für die Kapitelnummerierung und die Überschriften nach dem obigen Muster erstellt haben, können Sie das Inhaltsverzeichnis Ihres Werks automatisch erstellen. Diese Möglichkeit ist zunächst einmal grundsätzlich angenehm. Unverzichtbar wird sie spätestens bei der ersten Änderung die Sie in Ihrer Kapitelstruktur vornehmen.

Stellen Sie sich doch einfach vor, der Abschnitt 2.2 (es gibt die Abschnitte 2.1. bis 2.9.) soll als Abschnitt 3.5. ins dritte Kapitel, wo es bisher die Abschnitte 3.1. bis 3.6. gibt, verschoben werden. Manuell kann man das selbstverständlich machen, aber die Anpassung der Kapitelnummerierung ist zeitaufwändig und fehleranfällig. Das gilt in besonderem Maße, wenn es noch mehr Kapitel oder eine 3. und 4. Ebene gibt.

Bei vernünftiger Vorbereitung erhalten Sie mit einem Klick auf die richtige Schaltfläche die perfekte Lösung. Details zum Thema *Inhaltsverzeichnis* finden Sie in den folgenden Abschnitten.

4.3.1. Inhaltsverzeichnis einfügen

Gehen Sie mit dem Schreibcursor an die Posisition in Ihrem Dokument, wo das Inhaltsverzeichnis platziert werden soll. Wählen Sie dann Einfügen|Verzeichnisse| Verzeichnisse... . Es erscheint das in Abbildung 20 gezeigt Formular. Dort sind auf der ersten Karte (Verzeichnis) standardmäßig bereits alle wichtigen Einträge, für die Erstellung des Inhaltsverzeichnisses vorgenommen. Sofern Vorschau angewählt ist, wird im linken Teil Teil des Formular eine Skizze dargestellt, die ein Dokumentenfragment und das zugehörige, der aktuellen Einstellung entsprechende, Inhaltsverzeichnis zeigt. Wenn Sie das Formular schließen, wird an der Cursorposition ein In-

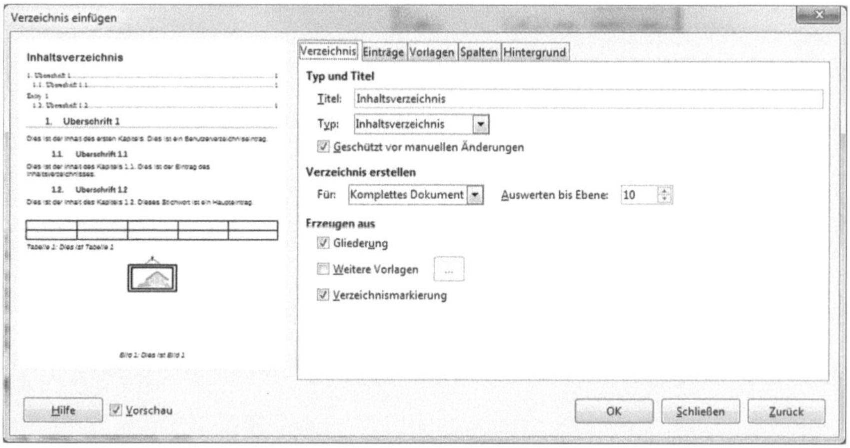

Abbildung 20: Formular zum Einfügen eines Verzeichnisses. Auf der angewählten Karteikarte Verzeichnis sind die Einstellungen für Inhaltsverzeichnisse getroffen. Links finden Sie die Vorschau (nur Struktur kein Inhalt des Dokuments).

haltsverzeichnis eingefügt. Dieses Inhaltsverzeichnis kann durch entsprechende Einstellungen auf den weiteren Karteikarten individuell gestaltet werden.

4.3.1.1. Besondere Gestaltung des Inhaltsverzeichnisses

Tiefe des Inhaltsverzeichnisses

Die Tiefe des Inhaltsverzeichnisses wird auf der Karte Verzeichnis unter Auswerten bis Ebene eingestellt. Im Falle dieses Buches mit relativ geringem Umfang stellen Sie hier 3 ein und erhalten damit ein Inhaltsverzeichnis mit allen Kapitelebenen bis zur Ebene 3.

Einträge im Inhaltsverzeichnis

Das Format für die Verzeichniseinträge wird ebenenweise auf der Karte Einträge des Formulars zur Verzeichniserstellung eingestellt (Abbildung 21, Seite 36). Üblicherweise wird folgendes eingegeben:

- Kapitelnummer: E#
- Kapitelbezeichnung: E
- Tabulatorschritt: T und
- Seitenzahl: #

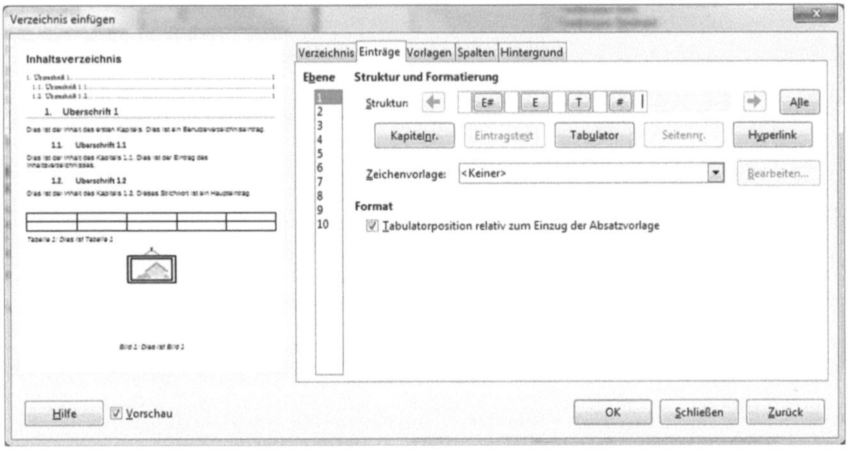

Abbildung 21: Formular zum Definieren eines Verzeichnisses. Auf der angewählten Karteikarte Einträge sind die Einstellungen für die Kapitelebene 1 des Inhaltsverzeichnisses getroffen.

4.3.2. Besondere Seitenformate (z. B. für Verzeichnisse)

Welches Format eine Seite besitzt ist in der letzten Zeile (Statuszeile) der Bedienoberfläche von OpenOffice/LibreOffice im dritten Feld von links angezeigt. Häufig wünscht man sich für Verzeichnisseiten eine andere Seitenaufteilung als für Textseiten. Das kann

- den unterschiedlichen Aufbau der Kopf- und Fußbereiche der Seite,
- die Art der Seitenzählung (römisch oder arabisch)

und viele weitere Parameter betreffen.

Zu diesem Zweck legen Sie ein neues Seitenformat mit dem Namen `Verzeichnis` an oder Sie modifizieren das bestehende Verzeichnis dieses Namens (s. a. 3.6, Seite 29.

Da die einzelnen Verzeichnisse in der Regel ein unterschiedliches Aussehen haben ist es meist zweckmäßig, für jede Verzeichnisart ein eigenes Seitenformat zu erstellen.

Wenn Sie in Ihr Dokument eine neue Seite mit dem Format `Verzeichnis` einfügen möchten, nehmen Sie dort, wo die Seite eingefügt werden soll, mittels des Formulars aus Abbildung 22 einen manuellen Seitenumbruch vor (Einfügen|Manueller Umbruch...). Dabei wählen Sie als Formatvorlage *Verzeichnis*.

Abbildung 22:Formular zur Auswahl eines Umbruchs

4.3.3. Rückänderung eines falschen/unerwünschten Seitenformats

Bisweilen kommt es vor, dass sich in Ihrem Dokument eine Seite mit einem unerwünschten Seitenformat befindet. Wie Sie das korrigieren können ist schwach bis gar nicht dokumentiert. Deswegen folgt hier eine kurze Anleitung.

Angenommen, Sie haben ein Dokument, dessen fünf Seiten die folgenden Formate besitzen:

Standard – Standard – Verzeichnis – Standard – Standard.

Sie möchten erreichen, dass alle Seiten im Dokument das Format *Standard* besitzen

Stellen Sie den Cursor vor das erste Zeichen der Seite mit dem Format *Verzeichnis*. Wählen Sie im (Haupt-) Menü Format | Absatz... und dann die Karte Textfluss. Markieren Sie Einfügen und Mit Seitenvorlage und setzen Sie außerdem *Standard* als Seitenvorlage. In diesem Fall wechselt das Format der Seite von *Verzeichnis* auf *Standard*. Danach haben alle Seiten Ihres Dokuments das selbe Format.

5. Besondere Darstellungselemente

5.1. Textrahmen („Kästen")

Beliebig verschiebbare Textblöcke können Sie als Textfelder oder (Text-)Rahmen realisieren

5.1.1. Rahmen

Texte, die man an beliebiger Stelle der Seite platzieren möchte, kann man in (Text-) Rahmen einschließen. Hierzu fügen Sie einen Rahmen ein (Einfügen | Rahmen...), ziehen ihn auf die gewünschte Größe und fügen dann den gewünschten Text dort ein. Der Rahmen kann mit der Maus oder mit Ausschneiden und Einfügen (cut and paste) beliebig verschoben werden. Ebenso ist das Beschriften (5.5.1) und Umrahmen (5.5.2) etc. möglich.

Randnoten realisieren Sie in einfacher Weise mit Rahmen

Rahmen sind das geeignete Mittel zur Realisierung von Randnoten.

5.1.2. Textfelder

Textfelder fügen Sie mit (Einfügen | Textfeld) in Ihr Dokument ein. Sie haben eine ähnliche Funktion wie Rahmen, können aber nur Text aufnehmen.

5.2. Bilder und Grafiken

Viele Grafikformate sind möglich,die Verwendung des odg-Formats ist aber nicht sinnvoll.

Bilder und Grafiken können Sie per drag-and-drop ins Dokument ziehen oder über das Dateiauswahlmenü laden. Bilder sehr vieler Dateiformate – darunter fast aller gebräuchlichen – können Sie auf diese Weise in ihr Dokument einbauen. Bilder im *.odg-Format (dem Format von OpenOffice/LibreOffice Draw) können bestenfalls mit Problemen eingebaut werden. Daher rate ich von deren Verwendung ab.

Das Einfügen ins Dokument erfolgt mittels des Dialogs Einfügen | Bild.... Daraufhin erscheint ein Dateidialog (Abbildung 23). Mittels dieses Dialogs wird das gewünschte Bild angewählt.. Das Bild wird entweder direkt in das Dokument eingefügt oder es wird – wenn Verknüpfen markiert ist - eine Referenz (ein Verweis auf des Bild) in das Dokument eingetragen. Worin sich die beiden Verfahren unterscheiden und was im jeweiligen Falle zu beachten ist, geht aus Tabelle 1 hervor.

Die Bilder zu verknüpfen, anstatt sie ins Dokument einzufügen erscheint auf den ersten Blick als sehr elegante und änderungsfreundliche Lösung. Ich halte sie aber für fehleranfälliger und verwaltungsaufwändiger als das Einfügen des Bildes. Deshalb habe ich mich in allen meinen Buchprojekten gegen das Verknüpfen entschieden.

Bild direkt eingefügt	***Verweis aufs Bild eingefügt***
Dokument und Bildquelle sind nach dem Einfügen voneinander unabhängig	*Dokument und Bildquelle sind nach dem Einfügen voneinander abhängig*
Änderungen an der Bildquelle wirken sich nicht auf das Dokument aus	*Änderungen an der Bildquelle wirken sich sofort auf das Dokument aus*
Bilder können das Dokument erheblich vergrößern.	*Bilder vergrößern das Dokument nicht. Sie fehlen dann aber auch wenn das Dokument per Email versandt werden soll und keine besonderen Maßnahmen getroffen werden.*
Dokument ändert sich nicht, wenn die Bildquelle an einen anderen Speicherort verlegt wird.	*Bild ist im Dokument nicht mehr bekannt, wenn die Bildquelle an einen anderen Speicherort verlegt wird.*

Tabelle 1: Vergleich zwischen eingefügtem und verknüpftem Bild

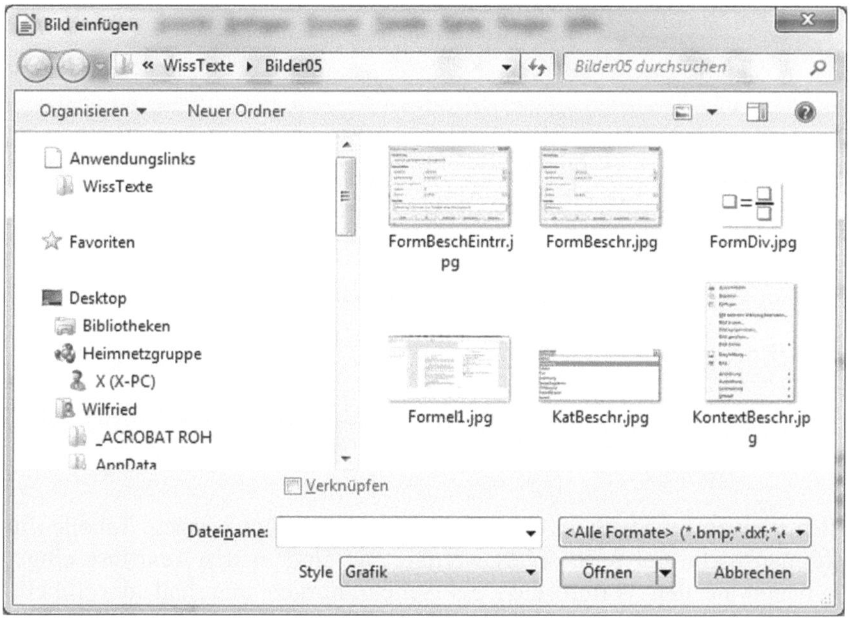

Abbildung 23: Dialog zum Einfügen eines Bildes

Zum Aktualisieren von Bildern sollten Sie die Funktion *Bild ersetzen* verwenden.

In LibreOffice gibt es im Popupmenü (erreichbar mit der rechten Maustaste) eines Bildes die Funktion Bild ersetzen... . Diese Funktion ermöglicht das leichte Auswechseln von Bildern, wobei die im Dokument vorhandenen Referenzen auf das Bild erhalten bleiben. Bei Anwahl dieser Funktion erscheint ebenfalls der Dateidialog gemäß Abbildung 23. Mittels dieser Funktion können Sie sehr einfach aktualisierte Bilder in Ihr Dokument übernehmen. In meinen Augen erlaubt sie mehr Kontrolle als das Verknüpfen. Ich empfehle deshalb mit dieser Funktion zu arbeiten.

5.2.1. Grafikgalerie

Für Standardgrafiken steht in LibreOffice eine Grafikgalerie zur Verfügung. Sie wird über die Schaltfläche erreicht (Abbildung 24).

Die Grafikgalerie bietet eine große Auswahl an Symbolen zu verschiedenen Themenkreisen und kann von Ihnen individuell erweitert werden. Ihre Handhabung ist selbsterklärend, deshalb wird hier auf eine weitere Beschreibung verzichtet.

5.3. Tabellen

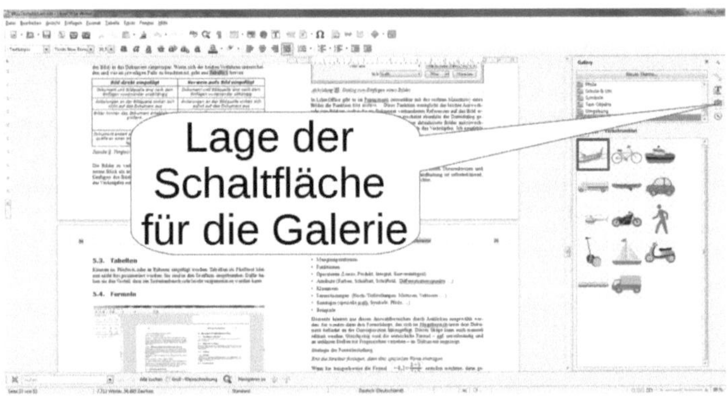

Abbildung 24: Lage der Schaltfläche für den Zugriff auf die Grafikgalerie

Tabellen können im Fließtext oder in Rahmen eingefügt werden. Tabellen im Fließtext können nicht frei positioniert werden. Sie sind in den Textfluss eingebunden. Dafür haben sie den Vorteil, dass ein Seitenumbruch innerhalb der Tabelle vorgenommen werden kann und sie somit auch eine beliebige Länge annehmen können.

Tabellen, die ähnlich wie unter 5.1.1 der Text in Rahmen eingefügt werden sind frei verschiebbar, aber in Ihrer Größe auf eine Seite beschränkt. Den Rahmen zum Einbetten der Tabelle können Sie vor oder nach der Tabelle selbst erstellen.

Erstellen der Tabelle

Platzieren Sie den Cursor an der Stelle, wo Sie die Tabelle einfügen möchten und wählen Sie dann Tabelle | Tabelle einfügen... . Es erscheint das in Abbildung 25 gezeigte Formular mit dessen Hilfe die Größe der eingefügten Tabelle in Zeilen und Spalten eingegeben werden kann. Zusätzlich können einige Optionen gewählt werden. So kann festgelegt werden, ob die Tabelle am Seitenende umgebrochen werden soll und ob sie mit einer Überschrift (so genannten Kopfzeilen) versehen werden soll, wie viele Kopfzeilen die Überschrift ggf. umfasst und ob die Überschrift bei umgebrochenen Tabellen auf neuen Seiten wiederholt werden soll.

Abbildung 25: Formular zum Einfügen der Tabelle

Alternativ kann die Tabelle grafisch interaktiv erstellt werden. Hierzu müssen Sie die Schaltfläche betätigen. Es öffnet sich dann ein Formular auf dessen Gitter Sie die gewünschte Tabellengröße durch Markieren und anschließendes Anwählen mittels eines Mausklicks bestimmen können (Abbildung 26).

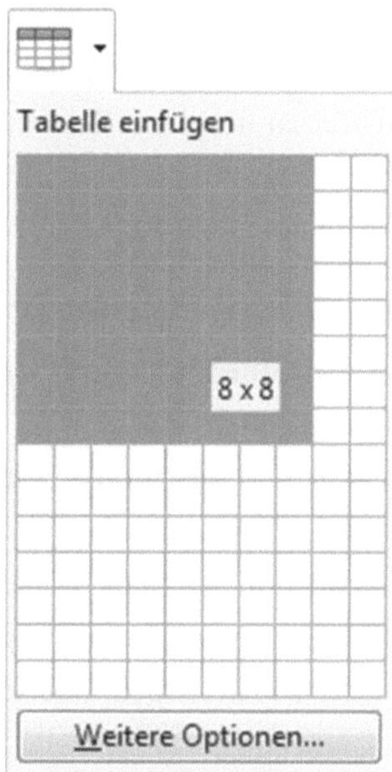

Abbildung 26: Formular für interaktives Erstellen der Tabelle

Tabelle bearbeiten

Rechtsklick auf die Tabelle führt zum Popup-Menü für die Tabellenbearbeitung.

Häufig ist es erforderlich, Tabellen nachträglich zu bearbeiten. Dabei geht es vor allem um das Einfügen und Löschen von Zeilen oder Spalten. Die erforderlichen Funktionen liegen in einem Popup-Menü. Das Sie erreichen, indem Sie mit der rechten Maustaste auf die Tabelle klicken.

5.4. Formeln

OpenOffice/LibreOffice bietet sehr umfangreiche und leicht handhabbare Möglichkeiten für den mathematischen Formelsatz. Formeln können mittels des Kommandos Einfügen|Objekt|Formel... an der Cursorposition in das Dokument eingefügt werden. Nach dem

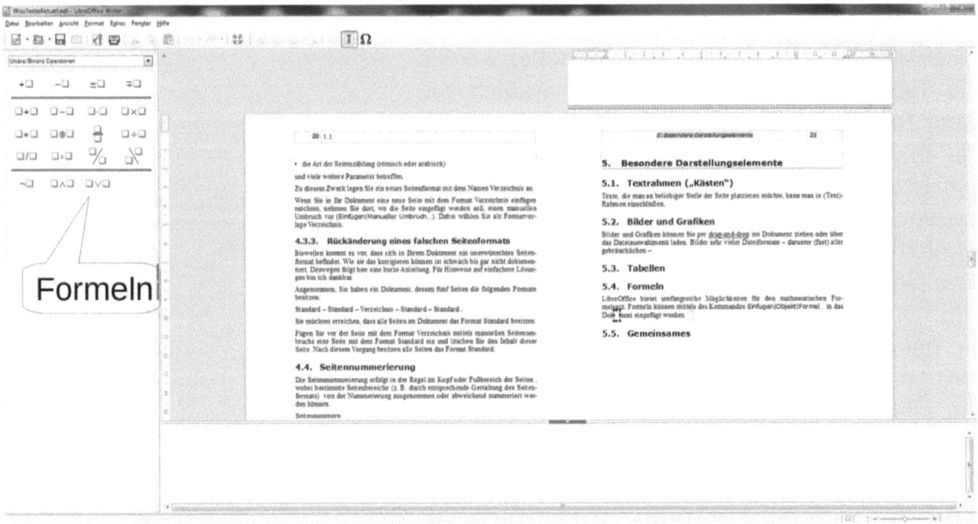

Abbildung 27: Dokument mit angewähltem Formeleditor. Links der Bereich für die interaktive Formelauswahl, unter dem Dokument der Skript-Bereich.

Ausführen des o. g. Kommandos zeigt die Bedienoberfläche von LibreOffice das in Abbildung 27 dargestellte Bild.

Im Dokument befindet sich ein Rechteck mit Griffen, das die Position der Formel anzeigt. Am linken Bildschirmrand erscheint ein Auswahlbereich für die Formelelemente, dieser weist folgende Seiten auf:

- **Unäre/Binäre Operatoren**: +, -, / , * ...
- **Relationen**: =, >, <
- **Mengenoperationen** : $\not\subset, \subset, \cap, \in \ldots$ aber auch gewisse Mengen wie: $\mathbb{N}, \mathbb{Z}, \mathbb{R} \ldots$
- **Funktionen** $\exp(), \sin(), \arctan(), \operatorname{arcoth}()$....
- **Operatoren** (Limes, Produkt, Integral, Kurvenintegral)
- **Attribute** (Farben, Schriftart, Schriftstil, Differentiationspunkte….)
- **Klammern**: $[\,], \langle | \rangle, \|2\|, \underbrace{b,c,d}_{a}$
- **Formatierungen** (Hoch-/Tiefstellungen, Matrizen, Vektoren ….)
- **Sonstiges** (spezielle math. Symbole, Pfeile, ...)

- **Beispiele**: Verschiedene komplexe Formeln, die als Basis eigener Formeln verwendet werden können.

Aus diesen Auswahlbereichen können Elemente durch Anklicken ausgewählt werden. Sie werden dann dem Formelskript, das sich im Skriptbereich unter dem Dokument befindet an der Cursorposition hinzugefügt. Dieses Skript kann auch manuell editiert werden. Gleichzeitig wird die entwickelte Formel – ggf. unvollständig und an unklaren/fehlerhaften Stellen mit Fragezeichen versehen – im Dokument angezeigt.

5.4.1. Beispiel für die Formelerstellung

Strategie der Formelerstellung:

Erst die Struktur festlegen, dann die speziellen Werte eintragen.

Die Strukturfestlegung kommt vor dem Werteintrag!

Wenn Sie beispielsweise die Formel $-0{,}2=\frac{3-5}{7+3}$ erstellen möchten, dann gehen Sie in folgenden Schritten vor:

Setzen Sie eine Gleichung an (Seite Relationen). Im Skript erhalten Sie dann `<?> = <?>`.

- Ersetzen Sie den Platzhalter <?> rechts vom Gleichheitszeichen durch eine Division. Das erreichen Sie z. B. indem Sie das <?> rechts vom Gleichheitszeichen markieren, den Auswahlbereich *Unäre/Binäre Operatoren* anwählen und dann das Divisionssymbol (einmal) anklicken. Das Skript lautet danach `<?> = {<?>} over {<?>}`. Das Symbol im Dokument zeigt folgendes Bild: $\square=\frac{\square}{\square}$
- Anschließend ersetzen Sie den Platzhalter für den Zähler durch eine Subtraktion. Das Skript lautet jetzt `<?> = { <?> - <?> } over {<?>}`
- Schließlich wird aus dem Platzhalter rechts von `over` (dem Nenner) eine Addition. Damit ergibt sich das Skript zu `<?> = { <?> - <?> } over { <?> + <?> }`.
- Schließlich werden statt der Platzhalter <?> konkrete Werte eingetragen. Das führt zum endgültigen Skript `-0,2 = { 3 - 5 } over { 7 + 3 }` und der gewünschten Formelanzeige $-0{,}2=\frac{3-5}{7+3}$.

5.4.2. Optische Gestaltung der Formeln

Bei aktiviertem Formeleditor können Sie Einstellungen die das Erscheinungsbild der Formeln betreffen in vielfältiger Weise vornehmen. Erster Schritt ist hierbei immer die Anwahl des Menüpunkts Format. Darauf hin erscheint ein Untermenü, das

- Schriftarten,
- Schriftgröße,
- Abstände,
- Ausrichtung und
- Textmodus anbietet.

In den meisten Fällen sind Sie allerdings mit der Standardeinstellung gut bedient.

5.4.2.1. Schriftart

Über Format | Schriftarten erreichen Sie ein Formular mittels dessen Sie die Schriftarten für die einzelnen Bereiche der Formeln einstellen können.

5.4.2.2. Schriftgröße

Über Format | Schriftgröße erreichen Sie ein Formular mittels dessen Sie die Schriftgrößen für die einzelnen Bereiche der Formeln einstellen können. Dabei wird die Basisgröße absolut (in pt) festgelegt. Die Größen der einzelnen Formelbestandteile (Text, Indizes usw.) werden in Prozent relativ zur Basisgröße festgelegt.

5.4.2.3. Abstand

Über Format | Abstände können Sie die Abstände innerhalb der Formeln sehr genau festlegen. Die Angabe erfolgt jeweils in Prozent der Zeichengröße. Unter Kategorie kann dann sehr detailliert bestimmt werden, um welchen Abstand es genau geht.

5.4.2.4. Ausrichtung

Über Format | Ausrichtung erreichen Sie ein Formular mittels dessen Sie die Ausrichtung von Formelementen gegenüber dem übergeordneten Element festlegen können. Z. B.ob der Zähler über dem Bruchstrich zentriert, recht- oder linksbündig dargestellt wird.

5.4.2.5. Weitere Einstellmöglichkeiten

Wenn der Formeleditor nicht aktiviert ist, können Sie indem Sie mit der rechten Maustaste auf die Formel klicken ein Popupmenü öffen, das dem in Abbildung 28 gezeigten ähnelt. Statt Bild... zeigt dieses Menü den Eintrag Objekt.... Unter Objekt können Sie ein Formular aufrufen auf dem Sie verschiedene geometrische Parameter der Formel ändern können.

Wichtig sind hier vor allem auf der Karte Typ die Verankerung (üblicherweise am Zeichen) auf der Karte Umbrechen der (äußere) Abstand und auf der Karte Umrandung unter Abstand zum Inhalt der (innere) Abstand zwischen Formelrand und Formeltext.

Verankerung am Zeichen ist für Formeln üblich.

5.5. Gemeinsames für Rahmen, Bilder, Tabellen....

Für die in 5.1 bis 5.4 besprochenen Elemente und noch weitere, die aus Platzgründen unerwähnt bleiben, gibt es gewisse gemeinsame Vorgehensweisen. So können Sie mit einer Beschriftung versehen werden. Für die beschrifteten Elemente können Verzeichnisse erstellt werden.

5.5.1. Beschriftung

5.5.1.1. Was passiert bei der Beschriftung?

Bei der Beschriftung (im direkten Fließtext stehende Tabellen ausgenommen) wird um das jeweilige Element (z. B. ein Bild) herum ein Rahmen gelegt. In diesem Rahmen wird die Bildbeschriftung angeordnet.

5.5.1.2. Durchführung der Beschriftung

Wenn Sie mit der rechten Maustaste auf das zu beschriftende Element klicken erscheint ein Popup-Menü das dem in Abbildung 28 dargestellten gleicht oder ähnelt.

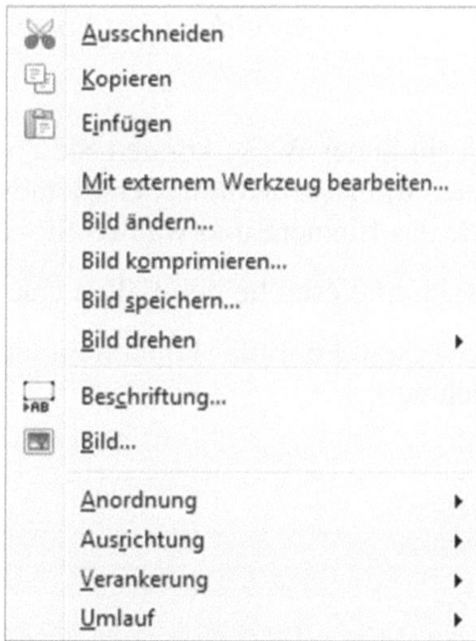

Abbildung 28: PopUp-Menü eines zu beschriftenden Objekts (hier eines Bildes)

Wenn Sie in diesem Menü auf Beschriftung... klicken öffnet sich das in Abbildung 29 dargestellte Formular.

Diese Art der Beschriftung funktioniert für Elemente aller Kategorien, ausgenommen die im Fließtext integrierten Tabellen. Hier gehen Sie folgendermaßen vor: Setzen Sie den Cursor auf die Tabelle und wählen Sie Hauptmenü Einfügen | Beschriftung ... .

Bei Tabellen im Fließtext ist abweichendes Vorgehen erforderlich.

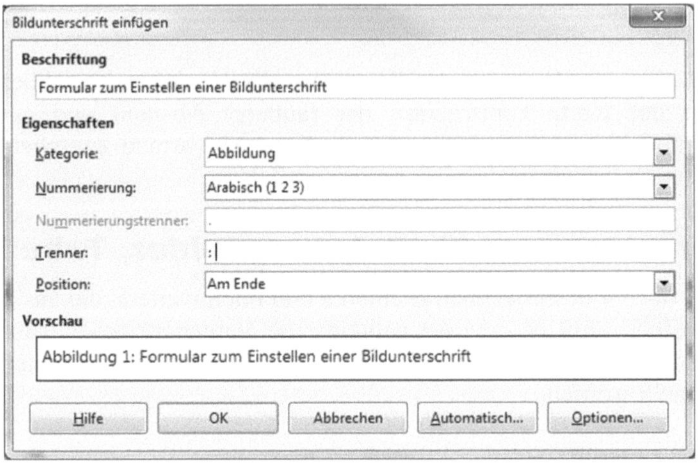

Abbildung 29: Formular zum Einfügen einer Bildunterschrift

In ähnlicher Weise können Sie – als Alternative zum oben beschriebenen Vorgehen – auch die Beschriftung der Elemente der übrigen Kategorien durchführen: Markieren Sie das Element und wählen Sie im Hauptmenü Einfügen | Beschriftung ... .

Auch in diesen beiden Fällen erscheint das in Abbildung 29 dargestellte Formular.

In diesem Formular können Sie unter Beschriftung die Beschriftung des Objekts vornehmen.

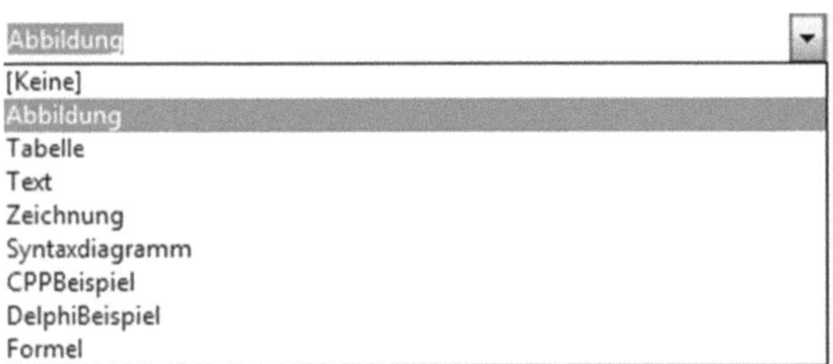

Abbildung 30: Auswahlmöglichkeiten für die Kategorie der beschrifteten Objekte

Unter Kategorie können Sie die Kategorie des Objekts einstellen. Üblicherweise finden Sie hier eine vernünftige Voreinstellung vor. Z. B. `Abbildung`, wenn ein Bild beschriftet werden soll. Sie haben aber auch die Möglichkeit eine beliebige andere Kategorie aus der Liste zu wählen. Ebenso können Sie durch Eintrag in die Liste eine neue Kategorie erstellen.

Diese steht Ihnen dann sofort zur Beschriftung zur Verfügung. In Ihrem Dokument verwendete Kategorien können für automatisch verwaltete Querverweise genutzt werden. Sie erscheinen auf der Karteikarte Querverweise im Listenfeld Typ (Abbildung 32).

In gleicher Weise wie bei der Kapitelnummerierung (Abbildung 19) stehen für die Beschriftung zahlreiche Systeme zur Verfügung. Das sind arabische und lateinische Zahlen, sowie lateinische, kyrillische (verschiedene Sprachversionen und griechische Buchstabensysteme.

Unter Nummerierungstrenner kann ein Zeichen oder eine Zeichenfolge angegeben werden, die bei kapitelweise Nummerierung (mehr s.u.) die Zahlen / Buchstaben der einzelnen Beschriftungsebenen voneinander trennt.

Die mit Trenner bezeichnete Zeichenfolge trennt den Bereich von Kategoriebezeichner und Nummerierung vom Beschriftungstext. In diesen Buch wird bei Abbildungen der Trenner „:" eingesetzt.

Position bezeichnet die Lage der Beschriftung im o. e. Rahmen. Sie können zwischen Am Anfang (also oben im Rahmen) und am Ende (unten im Rahmen) wählen. Die übliche Anordnung ist am Ende.

Unter Vorschau erscheint die komplette Beschriftung in der momentan eingestellten Form. Als Nummer des Elements erscheint im Formular allerdings immer die 1.

Die Bildbeschriftung kann in weitem Maße variiert werden. Anfängern empfehle ich, die Standardeinstellung zu verwenden. Da Änderungen der Einstellung auch Rückwirkungen auf die Verzeichniserstellung haben können.

Änderungen

Spätere Änderungen der Beschriftung (nicht der Kategoriebezeichnung und der Nummerierung!) können auch – ohne das Formular gemäß Abbildung 29 zu öffnen direkt im Beschriftungstext vorgenommen werden.

Änderungen direkt in der Beschriftung sind möglich.

5.5.2. Umrandung

Rahmen, Bilder, Tabellen und Tabellenzellen etc. können mit Umrandungen versehen werden. In allen Fällen stehen Einstellmöglichkeiten, die den in Abbildung 31 gezeigten vergleichbar sind zur Verfügung.

Ränder (Randlinien) können Sie an beliebiger Seite, in beliebiger Breite und in vielen Formen und Farben anbringen. Ebenso können Schatten angebracht werden, die eine gewisse Tiefenwirkung vortäuschen. Weitere Einzelheiten liefert Ihnen die Hilfefunktion. Auch Versuche können hier weiterhelfen. Angesichts der zahlreichen

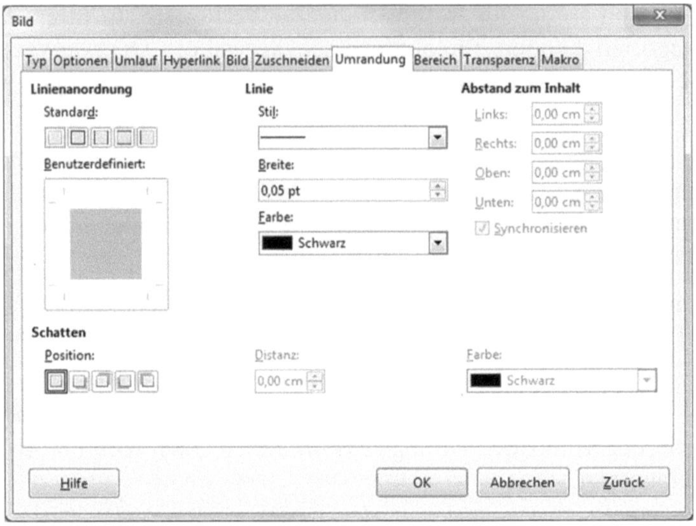

Abbildung 31: Formular zur Gestaltung einer Umrandung

Möglichkeiten ist eine vollständige Beschreibung auf dem verfügbaren Raum nicht möglich.

Unter Abstand vom Inhalt legen Sie den Abstand zwischen dem Rahmen und dem ggf. darin befindlichen Text fest.

5.5.3. Umlauf

Der Umlauf gibt an, wie der Fließtext einem eingefügten Element ggf. ausweicht. Dafür gibt es die folgenden Möglichkeiten:

- **Kein Umlauf**. Der Text weicht dem Element vollständig aus. In Zeilen, die vom Element belegt sind, steht kein Fließtext
- **Seitenumlauf**. Der Text weicht dem Element aus, er steht ggf. vollständig rechts und / oder links neben dem Element.
- **Dynamischer Seitenumlauf**. Verhält sich weitgehend wie der Seitenumlauf. Text wird aber nur auf der Seite des Elements platziert, die mehr Platz bietet. Auf der gegenüberliegenden Seite wird kein Text untergebracht.
- **Durchlauf**. Das Element wird über den Text gelegt, ein Teil des Texts wird dadurch ggf. verdeckt.

- **Im Hintergrund**. Das Element liegt hinter dem Text. Solange für den Text keine Hintergrundfarbe definiert ist, bleibt es unter diesem sichtbar.
- **Kontur.** Damit ein Umlauf um eine Kontur erfolgen kann muss diese zunächst unter Kontur bearbeiten... mit dem Kontur-Editor erstellt werden. Die so erstellte Kontur wird dann vom Text umflossen.
- **Erster Absatz**. Das Objekt wird am ersten Absatz der Seite verankert. Folgende Absätze werden nach unten verdrängt.

5.5.4. Verankerung

Mit der Verankerung wird festgelegt, wie die betrachteten Elemente im Fließtext eingebunden werden. Sie können zwischen folgenden Möglichkeiten wählen:

- **Am Absatz**. Das Element wird relativ zu einem Absatz platziert.
- **Am Zeichen**. Das Element wird relativ zu einem Zeichen platziert.
- **Als Zeichen**. Das Element ist wie ein Zeichen mitten im Fließtext eingefügt
- **An der Seite**. Das Element ist fest auf einer bestimmten Seite des Dokuments eingefügt.
- **Am Rahmen**. Das Element ist fest an einen Rahmen gebunden. Diese Verankerung sollte z. B. bei beschrifteten Bildern verwendet werden, damit Sie Rahmen und Bild problemlos gemeinsam verschieben können.

Verankerung am Rahmen erleichtert das gemeinsame Verschieben von Bildern und Beschriftungsrahmen.

Besser als eine wortreiche Beschreibung zu lesen und sie vielleicht falsch zu interpretieren, ist es in einem Testdokument die gleichen Elemente mit verschiedener Verankerung anzulegen und ein bisschen mit den Einstellmöglichkeiten zu spielen.

PROBIEREN!!

Die ersten drei Möglichkeiten sind sehr empfindlich gegen Textänderungen. Schon kleine Änderungen im Text können sich erheblich auf die Position der Elemente und damit auf das Erscheinungsbild des Textes auswirken. Bei größeren Dokumenten wähle ich diese Arten der Verankerung während der Erstellung. Die Flexibilität erleichtert zu diesem Zeitpunkt das Arbeiten erheblich.

Verankerung an der Seite stabilisiert das Dokument gegen kleine Änderungen, kann jedoch beim Einfügen oder Löschen einer Seite erheblichen Bearbeitungsaufwand zur Folge haben. Bei größeren Dokumenten verwende ich diese Einstellung (außer für Formeln) in der Endphase (s. a. 7, Seite 63).

5.5.5. Anordnung

Mit Anordnung wird vor allem die Positionierung mehrerer Elemente zu einander festgelegt. Befinden Sich an einer Stelle mehrere Elemente, so kann man sich das so vorstellen, als ob jedes Element auf einem eigenen Blatt Papier untergebracht sei.

Mittels der vier Funktionen

- Ganz nach vorn
- Weiter nach vorn
- Weiter nach hinten
- Ganz nach hinten

können die Blätter im virtuellen Stapel nach oben und unten verschoben werden, wodurch die Sichtbarkeit der Elemente gesteuert werden kann. Ein weiter vorn liegendes Element deckt – sofern es nicht transparent ist – die dahinnter liegenden Elemente ab

Anordnung bleibt bei manchen Umlaufeinstellungen wirkungslos.

Die Anordnung lässt sich nicht in Verbindung mit allen Umlauf-Einstellungen durchführen. Erfolgreich erprobt wurde sie mit dem *dynamischen Seitenumlauf*.

6. Referenzen

6.1. Verweise auf Bilder, Seiten, Kapitel etc.

6.1.1. So geht es schnell aber unpraktisch...

Wenn Erläuterungen zu einer bestimmten Textstelle im Abschnitt 6.3.2. zu finden sind, dann könnten Sie genau an dieser Textstelle den Verweis *Näheres finden Sie unter 6.3.2.* einfügen. Wenn Sie den Text wirklich nicht mehr weiter bearbeiten mag diese Lösung ausreichen, aber was passiert, wenn aus dem Abschnitt 6.3.2. aufgrund

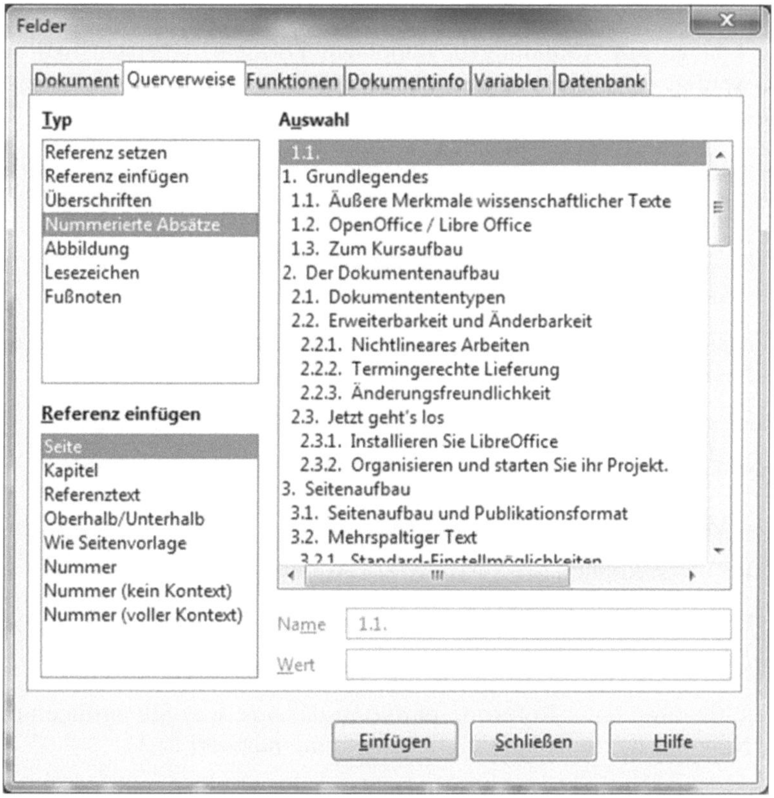

Abbildung 32: Formular Felder mit aktivierter Karteikarte Querverweise.

von Arbeiten am Text plötzlich der Abschnitt 8.4.3. geworden ist. Dann ist in mühsamer Handarbeit festzustellen, welche Querverweise wie geändert werden müssen, anschließend ist die Änderung selbst vorzunehmen. Was wiederum eine mühsame und äußerst fehleranfällige Tätigkeit ist.

6.1.2. So machen Sie es richtig...

Das Einfügen von Verweisen nehmen Sie zweckmäßigerweise über Einfügen | Querverweis ... vor. Nach diesem Dialog erscheint das in Abbildung 32 gezeigte Formular mit der aktiven Karte Querverweise. Diese Karte ist in die drei Listenfelder Typ, Referenz einfügen und Auswahl eingeteilt. Außerdem finden Sie dort zwei Textfelder im Ausgabemodus[13]. Das Feld Name gibt das komplette angewählte Bezugsobjekt an.

Mittels *Referenz setzen* und *Referenz einfügen* kann auf beliebige Textfragmente verwiesen werden.

Verweise können auf Abbildungen, Fußnoten, Formeln, Überschriften usw. vorgenommen werden. Weiterhin können über Referenz setzen und Referenz einfügen Verweise auf beliebige Textfragmente ermöglicht werden.

6.1.2.1. Verweise auf Textabschnitte, die mit Überschriften versehen sind (Kapitel etc.)

- Wählen Sie unter Typ *Überschriften* oder *nummerierte Absätze*.
- Wählen Sie dann unter Auswahl den gesuchten Textabschnitt.
- Wählen Sie dann unter Referenz einfügen das aus, was Sie einfügen möchten (z. B. die Nummer der Seite auf der der Textabschnitt beginnt.)
- Positionieren Sie den Cursor dort wo der Eintrag im Dokument erfolgen soll.
- Nehmen Sie durch Betätigen der Schaltfläche Eintragen den Eintrag vor.

6.1.2.2. Verweise auf Abbildungen

In ähnlicher Weise können Sie Verweise auf Abbildungen einfügen.

- Wählen Sie unter Typ *Abbildungen*.
- Wählen Sie dann unter Auswahl die gesuchte Abbildung.
- Wählen Sie dann unter Referenz einfügen das aus, was Sie einfügen möchten (z. B. die Nummer der Seite auf der die Abbildung platziert ist.)
- Positionieren Sie den Cursor dort wo der Eintrag im Dokument erfolgen soll.

---

13 Bei den in diesem Buch behandelten Möglichkeiten tritt der Eingabemodus nie auf.

- Nehmen Sie durch Betätigen der Schaltfläche Eintragen den Eintrag vor.

In ähnlicher Weise können Sie auch auf *andere Ele*mente wie z. B. Formeln oder Tabellen verweisen.

6.2. Quellenangaben

Quellenangaben sind ein wesentlicher Teil wissenschaftlicher Arbeiten. OpenOffice und LibreOffice. Beide Textverarbeitungsprogramme unterstützen Quellverweise auf die unterschiedlichsten Medien. In der Bedienoberfläche von LibreOffice werden die Begriffe Quelle und Literatur praktisch synonym verwendet. Daraus folgt, dass in der Literaturdatenbank auch Internetquellen aufgeführt werden können. Weiterhin ist eine detaillierte Typisierung von Beiträgen in Printmedien möglich (Artikel, Buch, Journal, Technische Dokumentation...).

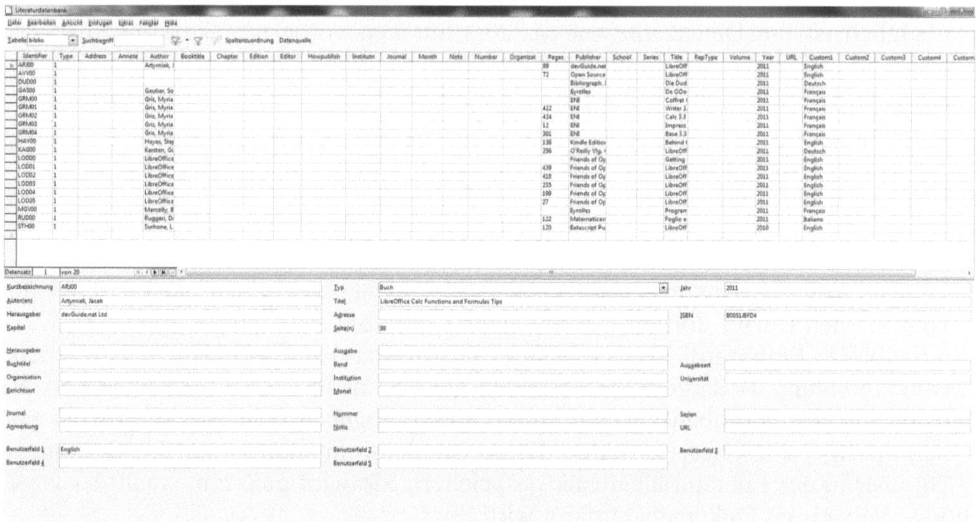

Abbildung 33: Bedienoberfläche der Literaturdatenbank

6.2.1. Quelleneinträge

6.2.1.1. Einträge in der Literaturdatenbank

Wählen Sie Extras | Literaturdatenbank, dann erscheint das in Abbildung 33 dargestellte Formular. Mittels dieses Formulars können Sie die Literaturdatenbank (oder

Quelldatenbank[14]) anzeigen und bearbeiten. Dabei sind nicht alle, sondern nur die relevanten Spalten auszufüllen. Für jeden neuen Eintrag müssen Sie mindestens die Kurzbezeichnung vorgeben. Diese wirkt als Schlüssel mittels dessen die einzelnen Einträge unterschieden werden. Aus diesem Grunde muss sie eindeutig sein.

Da in der Datenbank nicht nur herkömmliche Standardtypen der Literatur (Bücher, Tagungsbeiträge) sondern auch Quellen wie Internetseiten u. ä. gespeichert werden können, sind zahlreiche Eingabefelder vorgesehen. Nur in die jeweils relevanten Felder müssen Einträge erfolgen. Was relevant ist, bestimmen Sie. Sie müssen natürlich darauf achten, dass für einen bestimmten Quellentyp immer die gleichen Spalten belegt werden.

Im Literaturverzeichniseintrag werden nur die für den jeweiligen Quellentyp relevanten Felder ausgegeben. Welches Feld für welchen Quellentyp ausgegeben wird, legen Sie in 6.3.2 fest.

Anfänglich ist die Datenbank mit ca. 20 Einträgen vorbelegt. Sie können eigene Quellen in beliebiger Anzahl hinzufügen. Wenn Sie viele Dokumente mit Literarturverweisen erstellen, kann die Datenbank auf diese Weise erheblich anwachsen.

Eine denkbare Alternative ist es, Quellen die häufiger zitiert werden in der Datenbank zu speichern und seltener verwendete Quellen direkt im Dokument abzulegen.

6.2.2. Quellenverweise im Dokument

Wenn Sie in Ihrem Dokument auf verwendete Quellen verweisen möchten, positionieren Sie den Cursor dorthin, wo Sie einen Quellverweis eintragen möchten. Wählen Sie hierzu Einfügen|Verzeichnisse|Literaturverzeichniseintrag… . Es erscheint das in Abbildung 34 dargestellte Formular. Nun können Sie entweder einen Verweis auf eine in der Datenbank gespeicherte Quelle eingeben oder Sie können ad hoc einen neuen Quellverweis erstellen. Diese Quelleinformation ist nur im Dokument, nicht aber in der Literaturdatenbank gespeichert. Sie wird gelöscht, wenn der zugehörige Verweis im Dokument entfernt wird.

6.2.2.1. Bestehende Quelle aus der Datenbank einfügen

Wählen Sie die Kurzbezeichnung an, die für die gewünschte Quelle steht. Eine Kontrollmöglichkeit dafür, ob die Auswahl korrekt vorgenommen wurde, haben Sie dadurch, dass zur Kurzbezeichnung Autor und Titel der Quelle auf dem Formular ange-

14 Die Begriffe Literaturdatenbank und Quelldatenbank werden in der Bedienoberfläche von LibreOffice / OpenOffice synonym verwendet. Genau genommen greift Quellendatenbank weiter, da dieser Begriff sämtliche Quelltypen umfasst.

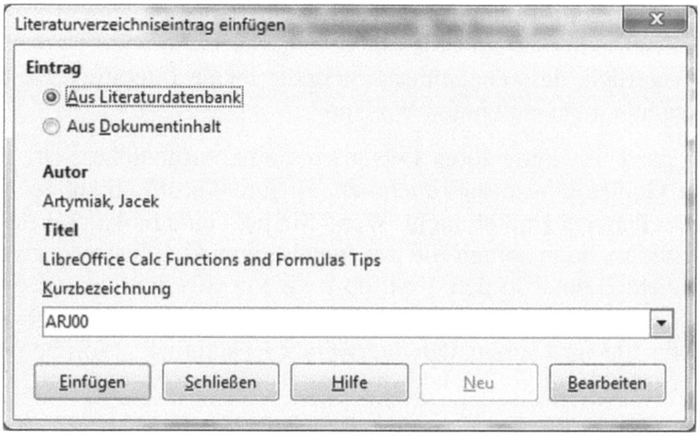

Abbildung 34: Formular zum Einfügen eines Literaturverzeichniseintrags in das Dokument.

zeigt werden. Über die Schaltfläche Einfügen übernehmen Sie den Quellverweis ins Dokument. Bei Bedarf können Sie den Eintrag nach Betätigung der Schaltfläche Bearbeiten weiter bearbeiten. Die Kurzbezeichnung (Datenbankschlüssel) kann dabei nicht geändert werden.

6.2.2.2. Lokalen Eintrag hinzufügen

Wählen Sie im Formular zum Einfügen eines Literaturverzeichniseintrags (Abbildung 34) das Optionsfeld Aus dem Dokumenteninhalt an. Betätigen Sie dann die Schaltfläche Neu. Es erscheint das in Abbildung 35 dargestellte Formular. Hier stehen Ihnen die selben Eingabefelder wie in der Datenbankschnittstelle (Abbildung 33) zur Verfügung. Wenn Sie mindestens die Kurzbezeichnung eingegeben haben, können Sie die Eingabe mit der Schaltfläche OK bestätigen. Nach diese Bestätigung wird das Formular geschlossen. Anschließend kann der Eintrag durch Betätigen der Schaltfläche Einfügen im Formular *Literaturverzeichniseintrag einfügen* ins Dokument übernommen werden. Die ausführliche Information zum jetzt ins Dokument eingetragenen Quellverweis wird später im Quellenverzeichnis angezeigt.

Die Kurzbezeichnung stellt den Schlüssel für den Zugriff zur Literaturdatenbank dar. Die Kurzbezeichnungen aus dem Dokumenteninhalt müssen eindeutig gewählt werden. Tritt in der lokalen Literaturdatenbank dasselbe Kürzel wie in der globalen Datenbank auf, so hat das lokale Kürzel Vorrang.

Kurzbezeichnung = Schlüssel für Literaturdatenbank

Achtung:
Häufig hat Ihr Text an dieser Stelle noch nicht die endgültige Form. So sollten Sie

damit rechnen, dass Sie den Text, der den Quellverweis enthält kurzfristig löschen um ihn vielleicht kurz darauf in leicht veränderter Form wieder einzufügen. Die Folge ist unweigerlich, dass der mühsam erstellte lokale Literaturverzeichniseintrag bei dieser Gelegenheit verschwindet. Was tun?

Seite nur zum Aufnehmen von Quellverweisen anlegen.

Legen Sie ganz am Ende Ihres Dokuments eine zusätzliche Seite an, die nur den Zweck hat Quellverweise aufzunehmen. In Ihre Veröffentlichung übernehmen Sie diese Seite selbstverständlich nicht. Wenn Sie jetzt einen lokalen Literaturverzeichniseintrag erstellen, dann sollten Sie den zugehörigen Quellverweis zweimal ins Dokument einbauen: Einmal in den Text, dort wo Sie wirklich auf die Quelle verweisen möchten und ein zweites Mal auf der oben genannten Seite am Ende Ihres Dokuments. Wenn Sie jetzt einen Quellverweis im Dokument (vorübergehend) löschen, bleibt der lokale Literaturverzeichniseintrag trotzdem erhalten!

Abbildung 35: Formular zur Definition eines Literaturdatenbankeintrags

6.3. Quellverzeichnis

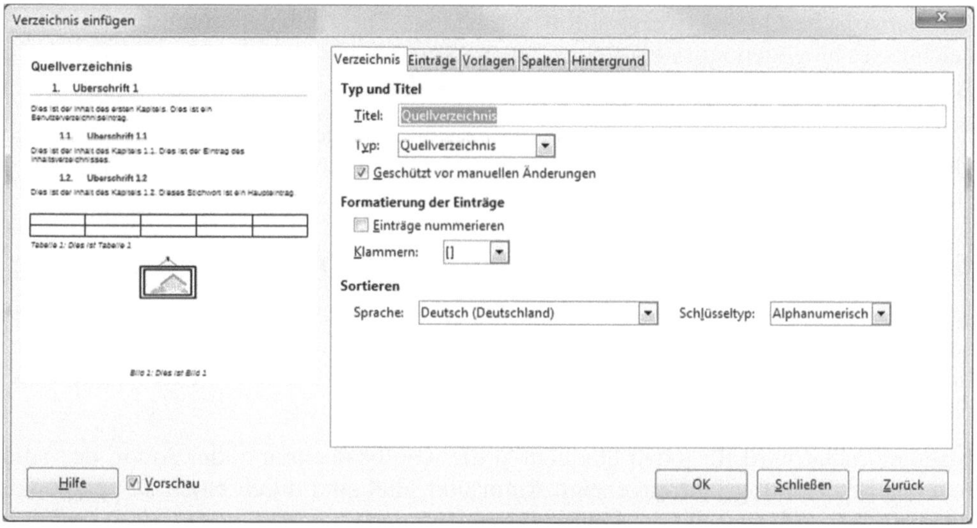

Abbildung 36: Formular zum Definieren eines Quellverzeichnisses, Karte Verzeichnis

6.3.1. Anlegen des Quellverzeichnisses

Beim Erstellen eines Quellverzeichnisses gehen Sie ähnlich wie beim Erstellen eines Inhaltsverzeichnisses vor. Sie positionieren den Cursor dort, wo das Quellenverzeichnis eingefügt werden soll und wählen Einfügen | Verzeichnisse. Wenn Sie als Typ Quellverzeichnis wählen ändert sich das Bild der Karteikarte (Abbildung 36). Sie finden dort jetzt die für ein Quellverzeichnis erforderlichen Dialogfelder. Diese weichen von den ursprünglichen, die für das Inhaltsverzeichnis vorgesehen waren, deutlich ab. Nachdem Sie das Formular wieder geschlossen haben befindet sich das Quellenverzeichnis an der Cursorposition.

Die Bezeichnung für den Verzeichnistyp (Quellverzeichnis) ist vom Textverarbeitungsprogramm fest vorgegeben. Die tatsächlich in Ihrem Dokument auftauchende Überschrift des Verzeichnisses können Sie unter Titel frei wählen (z. B. Literaturverzeichnis oder evtl. References falls Sie einen englischsprachigen Text verfassen).

Der Verzeichnistitel ist frei wählbar. Die Typen sind vorgegeben.

Ansonsten finden Sie unter Formatierung der Einträge | Klammern Angaben wie die Quellverweise im Text auftauchen sollen. Hier ist die übliche Klammerung mit eckigen Klammern voreingestellt. Der Bezug zum Literaturverzeichnis kann über einen alphanumerischen Schlüssel oder eine Nummerierung hergestellt werden. Setzen oder Löschen des Häkchens unter Einträge nummerieren (Abbildung 36) bewirkt die Umschaltung. Bei Einfügen eines neuen Quellverweises in den Text werden numerische Quellverweise sofort aktualisiert. Die Aktualisierung des Quellverzeichnisses hingegen muss explizit erfolgen (Rechtsklick über dem Quellverzeichnis, Auswahl Verzeichnis aktualisieren im PopUp-Menu)

Der Schlüssel ist eine eindeutige alphanumerische Kurzbezeichnung für die jeweilige Quelle. Die Vorgabe eines anderen Schlüsseltyps ist derzeit zumindest bei Spracheinstellung Deutsch nicht möglich.

6.3.2. Anpassung der Ausgabe an den Typ der Quelle

In den Kapiteln 6.2.1 und 6.2.2 haben Sie gesehen, dass je nach Quellentyp unterschiedliche Felder der Datenbank belegt werden. Über die Karteikarte Einträge (Abbildung 37) können Sie abhängig vom Typ der Quelle einstellen, welche Datenbankfelder ausgewertet werden.

Standardmäßig wird für jeden Quellentyp die Kurzbezeichnung, der Autor, der Titel und das Erscheinungsjahr angezeigt. Autor und Titel sind durch einen Doppelpunkt, die restlichen Einträge standardmäßig durch Kommata getrennt.

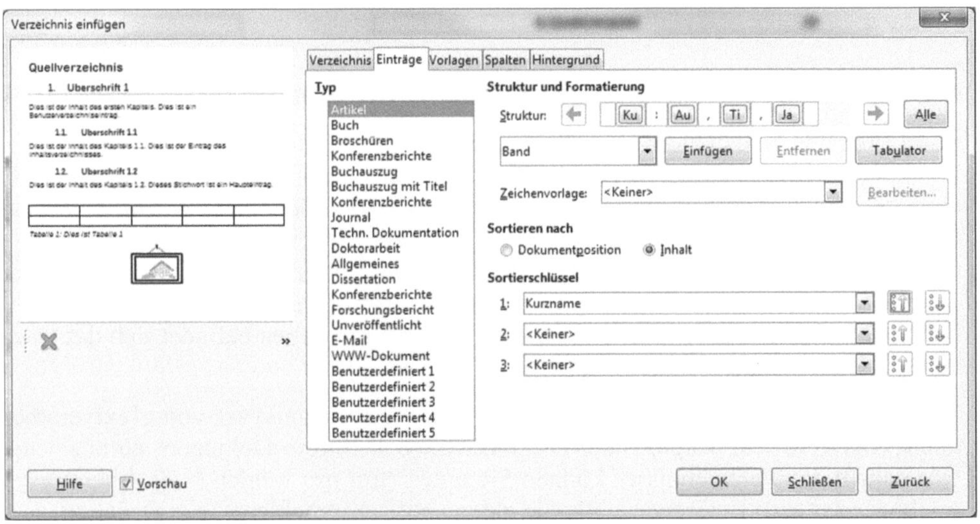

Abbildung 37: Formular zum Definieren eines Quellenverzeichnisses. Die Karte Einträge ermöglicht die Anpassung des Verzeichniseintrags an die Art der Quelle

Diese Einstellungen können Sie an den Quellentyp anpassen. Links wählen Sie den Typ der Quelle. Das kann ein Buch, eine Internetseite, ein Tagungsband etc. sein.

In den beiden rechten Dritteln der Karte können Sie dann bestimmen, wie der zugehörige Eintrag im Quellenverzeichnis aussehen soll. Unter Struktur wird das Aussehen des Eintrags bestimmt. Dieses Aussehen ist typspezifisch. Der Literaturverzeichniseintrag für ein Buch kann somit anders aufgebaut werden als für einen Zeitschriftenbeitrag oder für eine Internetseite.

Für ein Buch können das z. B. Autor(en), Titel, Verlag, Erscheinungsort und (Erscheinungs-) Jahr sein. Für Verlag und Ort gibt es keine Felder. Folgender Kompromiss ist hier denkbar:

Aufgrund einer etwas großzügigen Übersetzung ist der Herausgeber zweimal vertreten (einmal direkt und einmal als Editor). Um Übereinstimmung mit der englischen Version und den standardmäßig bestehenden Datenbankeinträgen zu erhalten verwende ich bei deutscher Benutzeroberfläche das Datenfeld Editor für den Herausgeber im deutschen Sinne und das Datenfeld Herausgeber (Publisher) für den Verlag. Den Erscheinungsort können Sie in eines der fünf verfügbaren benutzerdefinierten Felder eintragen.

Keine Datenbankfelder für Ort und Verlag.

Kompromiss:

Feld *Editor* für den Herausgeber,

Feld *Herausgeber* für den Verlag

6.4. Stichwortverzeichnis

6.4.1. Stichwortverzeichnis definieren und erstellen

Das Stichwortverzeichnis wird ähnlich wie die das Quellen- oder das Inhaltsverzeichnis definiert. Unter Einfügen|Verzeichnisse|Verzeichnisse... erreichen Sie, wie bereits, bekannt das Formular zum Einrichten von Verzeichnissen. Die Karteikarte Verzeichnis mit dem Typ *Inhaltsverzeichnis* (Abbildung 20, Seite 35) ist dabei voreingestellt. Wählen Sie nun unter Typ *Stichwortverzeichnis*. Die Karte ändert sich gemäß Abbildung 38. Einträge werden ähnlich wie bei Inhaltsverzeichnissen auf der Karteikarte Einträge festgelegt.

Um Platz zu sparen werden Stichwortverzeichnisse gern mehrspaltig angelegt. Je nach Format der Publikation sind hier zwei bis drei Spalten angebracht. Die Spaltenansicht wird auf der Karteikarte Spalten eingestellt. Hierbei wird sinngemäß wie bei der Einstellung von Spalten im Seitenformat (Kapitel 3.1.2, Seite 16) vorgegangen.

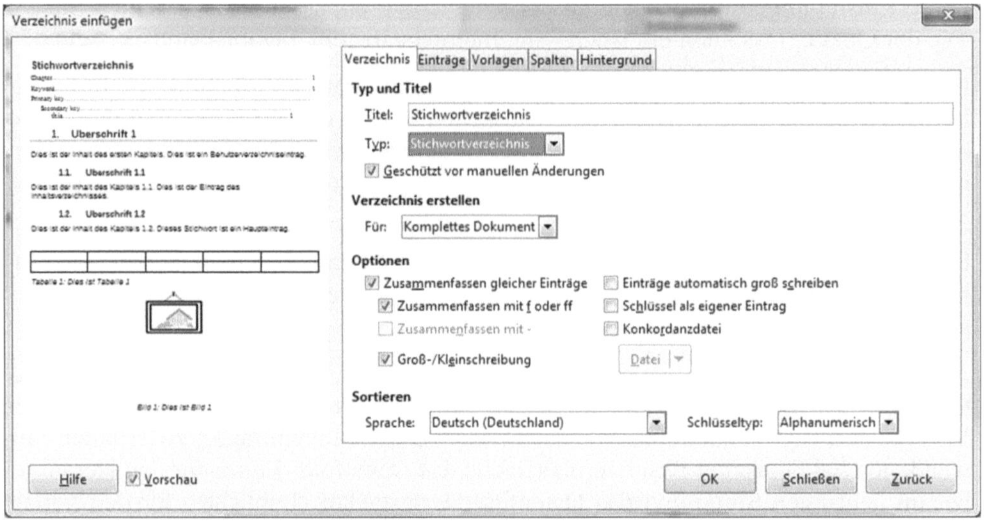

Abbildung 38: Formular zum Definieren eines Stichwortverzeichnisses. Die Karte Verzeichnis erlaubt einige allgemeine Angaben zum Stichwortverzeichnis.

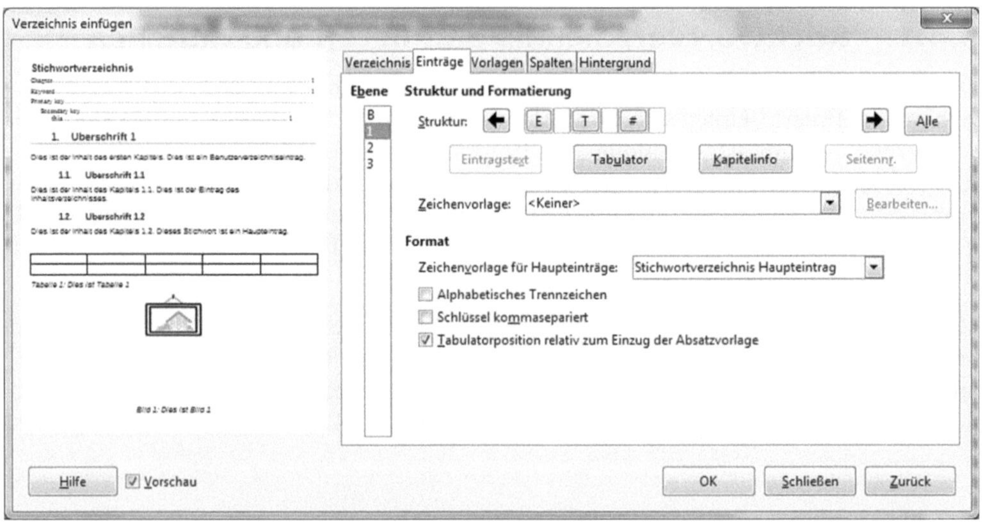

Abbildung 39: Formular zum Erstellen eines Stichwortverzeichnisses. Die Karte Einträge erlaubt das Beschreiben des Aufbaus eines Eintrags

Abbildung 40: Formular zum Einfügen eines Verzeichniseintrags. Haupteinsatzzweck sind Einträge ins Stichwortverzeichnis

6.4.2. Stichwörter einfügen

Im Dokument wird – für den Benutzer nicht direkt sichtbar – eine Stichwort-Datenbank geführt. Dort werden die Stichwörter und gewisse Zusatzinformationen eingetragen.

Den Eintrag in ein Stichwortverzeichnis erzeugen Sie, indem Sie den Cursor auf das fragliche Wort setzen oder den fraglichen Textbereich markieren. In die Stichwortdatenbank übernommene Stichwörter werden im Dokument grau unterlegt.

Der markierte Text erscheint unter Eintrag. Dort können Sie den Text des Stichwortes bearbeiten, ehe sie ihn übernehmen. Diese Bearbeitung wirkt nur auf das eingetragene Stichwort, nicht auf das Dokument.

Mit 1. Schlüssel und 2. Schlüssel können Sie hierarchisch aufgebaute Stichworteinträge definieren. Der Eintrag *kalt* erscheint bei vorgegebenem 1. Schlüssel *Wetter.* als *Wetter, kalt*. Wenn Sie noch einen zweiten Schlüssel (2. Schlüssel), z.B. *Winter,* dann lautet der Eintrag *Wetter, Winter, kalt*.

Einträge, die mit Haupteintrag markiert sind werden in einem besonderen Zeichenformat ausgeführt. Festgelegt wird dieses Format unter Zeichenvorlage für Haupteinträge auf der Karte Einträge (Abbildung 39).

Abbildung 41: Formular zum Bearbeiten eines Verzeichniseintrags. Haupteinsatzzweck sind Einträge ins Stichwortverzeichnis. Zusätzlich zum Formular aus Abbildung 40 gibt es die Schaltfläche Löschen und die Pfeilschaltflächen

6.4.3. Stichwörter bearbeiten und löschen

Stichwörter werden im Text grau unterlegt.

Stichwörter, die bearbeitet oder gelöscht werden sollen, müssen im Text sichtbar sein. Dies erreichen Sie, wenn Sie Ansicht | Feldhinterlegung aktivieren. Danach gehen Sie dann folgendermaßen vor:

Setzen Sie den Cursor direkt vor den Verzeichniseintrag in Ihrem Dokument. Wählen Sie Bearbeiten | Verzeichniseintrag. Das führt zum Anzeigen des Formulars nach Abbildung 41. Führen Sie dann einen der folgenden Schritte durch:

- Um den Eintrag zu ändern, geben Sie den gewünschten Text in das Feld Eintrag ein.
- Um einen Eintrag zu entfernen, klicken Sie auf Löschen.

Um die Verzeichniseinträge in Ihrem Dokument nacheinander zu durchlaufen, klicken Sie im Dialog Verzeichniseintrag bearbeiten auf die Pfeil-Schaltflächen → oder ←.

7. Der finale Stress - Probleme kurz vor Schluss

Ist Ihr Werk fertig gestellt, dann muss es noch in eine Form gebracht werden, die vom Empfänger (Schule, Universität, Konferenzveranstalter, Verlag. ...) akzeptiert wird. Das kann z. B. der Ausdruck auf Papier (ein- oder zweiseitig bedruckt) oder die elektronische Version – vielfach eine PDF-Datei - sein.

Wenn Sie eine umfangreiche Arbeit in Inhalt und Layout weitgehend fertiggestellt haben passiert es nicht selten, dass plötzlich ganz unerwartet Probleme auftauchen. Seitenumbrüche sind mal hier und mal dort, vor allem aber nicht da wo sie hingehören und wo man sie gern hätte. Bilder, Randnoten und andere Objekte scheinen zufällig platziert. Die Seitenzahl schwankt so in der Größenordnung von 5 bis 10 Prozent obwohl nichts oder nichts Relevantes geändert wird. Kurz und gut: Sie haben das Material beisammen aber Ihr Produkt ist plötzlich weit weniger fertig als Sie es sich vorgestellt haben. Der Abgabetermin rückt näher. Panik kommt auf.

Verschiedene Maßnahmen können hier helfen:

- Ein PDF-Ausgabeprogramm als Drucker einstellen und fortan Kontrollausdrucke Ihrer Arbeit nicht mehr direkt sondern nur über das PDF-Format machen. (s. a. 7.2.1).
- Alle Rahmen am Absatz verankern. Gegebenenfalls deren Position manuell anpassen.
- Wenn alle Stricke reißen verankern Sie alle Rahmen an der Seite. Das hilft nach meiner Erfahrung immer, macht aber das Dokument sehr unflexibel. Deshalb sollten Sie zu diesem Mittel erst greifen, wenn Sie das Dokument in Texten, Bildern und Rahmen vollkommen fertig gestellt ist. Nach der Verankerung an der Seite werden Korrekturen die zum Einfügen oder Löschen einer Seite führen ziemlich aufwendig.

Verankern an der Seite hilft zumeist, macht aber Einfügen und Löschen von Seiten recht aufwändig.

Umgang mit an der Seite verankerten Bildern

Wenn Sie ein Bild oder einen Rahmen das/der an der Seite verankert ist, doch noch an eine andere Seite im Dokument verlegen müssen, dann gehen Sie bitte folgendermaßen vor:

- Ändern Sie die Verankerung von *Seite* auf *Absatz.*
- Wenn über mehrere Seiten zu verschieben ist, stellen Sie das Dokument auf Buchansicht und **verkleinern** die Ansicht nach Bedarf (Schaltflächen und Schieberegler ganz unten rechts im Fenster).

Verschieben über mehrere Seiten macht bei angemessener Verkleinerung weniger Probleme.

- Verschieben Sie das Bild auf die gewünschte Seite. Die genaue Position ist dabei unerheblich. Zum Verschieben klicken Sie auf das Bild. Es erscheint ein kreuzförmiger Cursor. Jetzt können Sie das Bild bei gedrückter linker Maustaste bewegen.
- Ändern Sie die Verankerung von *Absatz* auf *Seite*.
- Verschieben Sie das Bild an die finale Position auf dieser Seite.

Durch diese Vorgehen ist sicher gestellt, dass alle Referenzen auf das verlegte Bild **ununterbrochen** erhalten bleiben

7.1. Aktualisieren Sie alle Verzeichnisse!

Bevor Sie Ihr Dokument abschließen sollten Sie nicht vergessen, wirklich **alle** Verzeichnisse zu aktualisieren. Diese Aktualisierung bewirken Sie über ein Popup-Menü, das Sie durch einen Rechtsklick auf das jeweilige Verzeichnis erreichen.

Berücksichtigen Sie wirklich alle Verzeichnisse:

- Inhaltsverzeichnis
- Literaturverzeichnis
- Stichwortverzeichnis
- Abbildungsverzeichnis
- ......

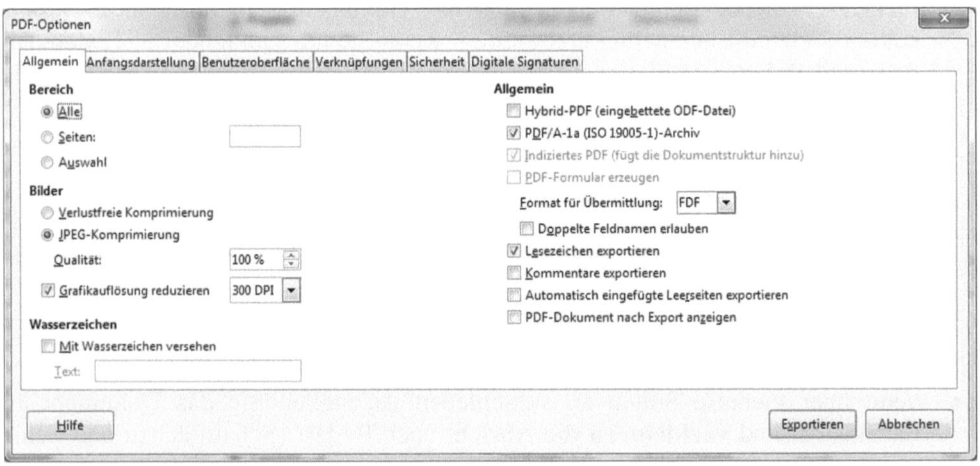

Abbildung 42: Formular zur Einstellung der Parameter für den PDF-Export

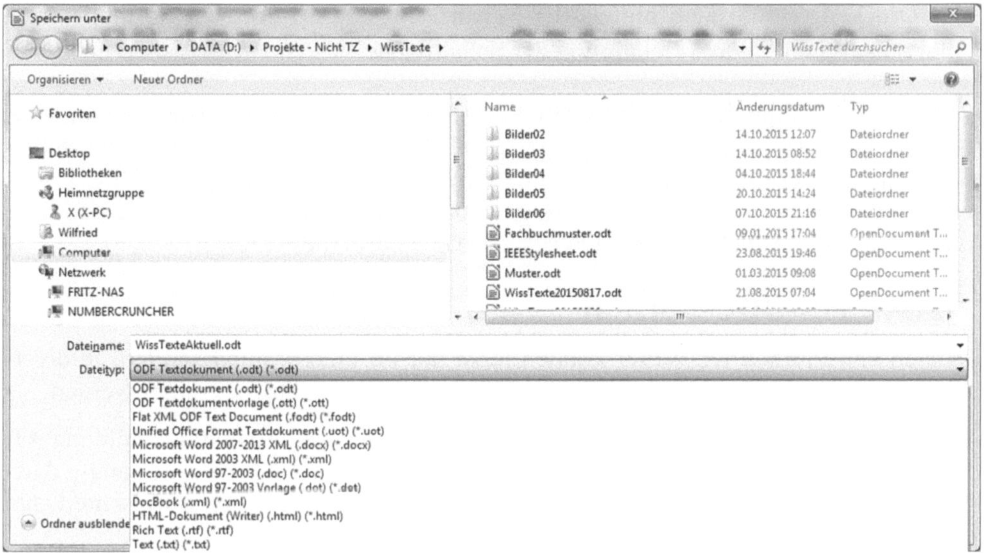

*Abbildung 43: Dateiauswahlmenü für die Funktion **Speichern unter ...***

7.2. Export ins Zielformat

Dass Sie Ihr Endprodukt im ODT-Format abliefern können dürfte eher selten der Fall sein. Üblich ist, dass das PDF-Format oder das MS Office-DOC-Format verlangt wird.

7.2.1. PDF-Ausgabe

Zur Ausgabe im PDF-Format kann die integrierte PDF-Exportfunktion verwendet werden. Die dafür erforderlichen Einstellungen können Sie unter Datei | Export als PDF... treffen. Einstellungen sind nur in geringem Maße notwendig. In der Regel fallen Sie nur auf der Karteikarte Allgemein an. Hier können Sie über die Einstellung der Bildqualität die Dateigröße steuern. JPEG-Komprimierung und 300 dpi sind hier übliche Werte. Bei großformatigem Druck muss evtl. eine höhere Auflösung gewählt oder die Originalauflösung belassen werden. (Markierung bei Grafikauflösung reduzieren entfernen).

Damit die Zeichensätze im Dokument eingebettet werden (wichtig vor allem bei Verwendung weniger üblicher Zeichensätze in Buchproduktionen), müssen Sie die Markierung bei PDF/A-1a (ISO 19005-1)-Archiv setzen.

Das Drucken erfolgt dann mittels der Schaltfläche Exportieren im Formular nach Abbildung 42 oder durch Betätigung der Schaltfläche in der Menüleiste

Statt der Bordmittel kann auch ein PDF-Treiber geladen werden. Hierfür kommt z. B. FreePDF in Betracht, das unter [FREEPDF] heruntergeladen werden kann. In diesem Fall wird der PDF-Export über einen virtuellen Drucker durchgeführt, der Dateien im PDF-Format erzeugt. Die oben genannten Einstellungen für Grafikauflösung und Zeichensatzmitnahme sind üblicherweise auch dort möglich.

7.2.2. MS-DOC-Format

Dateien von LibreOffice Writer können nicht nur im ODT-Format sondern in diversen anderen Formaten – darunter denen des Marktführers – abgespeichert werden.

Wählen Sie Datei | Speichern unter ... . Es erscheint dann das in (Abbildung 43) gezeigte Formular. Unter Dateityp können Sie das gewünschte bzw. verlangte Ausgabeformat auswähle. Anschließen können Sie mit Speichern die gewünschte Datei erzeugen.

Spezielle Zeichensätze müssen Sie ggf. als separate Datei mitliefern. Falls das unterbleibt wird Ihr Dokument auf dem Zielrechner mit einem ähnlichen Datensatz angezeigt.

8. Das nächste Projekt kommt bestimmt

Wenn Sie damit rechnen, dass ein ähnlich aufgebautes Dokument noch einmal erstellen müssen, dann können Sie Ihre Arbeit sofort oder auch erst nachdem Sie sie auf das Wesentliche reduziert haben. Unter Datei | Dokumentenvorlage | Als Vorlage speichern ... auf dem Rechner ablegen.

Auf das Wesentliche reduzieren heißt in diesem Fall:

- Texte auf ein Minimum kürzen. Sie sollen nur noch die Funktion von Platzhaltern haben
- Zahl der Bilder reduzieren.

Aber es heißt auch:

- Alle Strukturen, vor allem alle individuell erstellten Formate, müssen erhalten werden. Bei Absatz- und Zeichenformaten sind das auch die im Dokument nicht direkt verwendeten Vorfahren von dort verwendeten Formaten. Also die Formate aus denen durch Verknüpfung neue Formate abgeleitet wurden.

Literaturverzeichnis

ARJ00: Artymiak, Jacek; LibreOffice Calc Functions and Formulas Tips; 2011; devGuide.net Ltd

DLLIBOFF: LibreOffice Kontributoren; Download neueste LibreOffice-Version; https://de.libreoffice.org/download/libreoffice-fresh/; Abgerufen 2015-11-01, 11:35 MEZ

DLLLIBOFFOLD: LibreOffice Kontributoren; Download LibreOffice bewährte Version; de.libreoffice.org/download/libre-office-still/; Abgerufen 2015-11-01, 11:39, MEZ

DLOPENOFF: OpenOffice Kontributoren; Apache OpenOffice herunterladen; http://www.openoffice.org/de/downloads/; Abgerufen 2015-11-26, 17:59

FREEPDF: FreePDF Kontributoren; Download FreePDF; http://freepdfxp.de/download_de.html; abgerufen 2015-11-13, 15.35 MEZ

IEEESTYLE: IEEE; Manuscript Templates for Conference Proceedings; http://www.ieee.org/conferences_events/conferences/publishing/templates.html;

OOWIKI: OpenOffice- und LibreOffice Kontributoren; OpenOffice.org-Wiki (Übersicht); www.oowiki.de; Abgerufen 2015-11-28; 13:10

RELPLAN: LibreOffice Docomentation Team; LibreOffice Release Plan; https://wiki.documentfoundation.org/ReleasePlan; Abgerufen 2015-11-13, 15.40 MEZ

Stichwortverzeichnis

In der Reihe „Informatik ganz einfach" (Herausgeber Prof. Dr.-Ing. Wilfried Koch, früher Hochschule Ravensburg-Weingarten) sind bisher folgende Bücher erschienen:

Band 1	*C++Builder Rezeptbuch – Teil 1*
Band 4	*C++Builder Rezeptbuch – Teil 2*

In der selben Reihe erscheint im Januar 2016:

Band 3	*Lazarus, Professionelles Programmieren von Anfang an - Teil 1*

In der selben Reihe sind für die nächste Zeit folgende Neuerscheinungen geplant:

Band 2	*Multimediaprogrammierung leicht gemacht – Teil 1 Video*
Band 5	*Multimediaprogrammierung leicht gemacht – Teil 2 Audio*
Band 6	*Lazarus, Professionelles Programmieren von Anfang an - Teil 2*